ケース別

事業承継
対策
Q&A

事例でわかる
解決へのヒント

太陽グラントソントン
税理士法人 [著]

清文社

はじめに

　2019年1月より、株式会社プロフェッションネットワーク社が運営するWeb情報誌であるProfession Journalにて「事例でわかる［事業承継対策］解決へのヒント」の連載を始めていますが、2023年にかけての4年間に世界では様々なことが起こりました。

　2020年に入り、新型コロナウイルスの世界的な蔓延による社会の混乱、新型コロナウイルスも落ち着いてきた2022年にロシアによるウクライナ侵攻、世界的なインフレ、そして巨大な銀行の経営破綻と様々な危機が連続して発生し、連載当初とは全く違った世界になってしまいました。

　一方、日本での会社経営に目を向けると、緊急事態宣言による事業活動の制限、在宅勤務の準備のためのIT投資、さらにコロナ後の経済再開による人手不足が追い打ちをかけて、経営の舵取りが本当に大変な場面が続いています。
　このような環境変化への対応に迫られている最中でも、オーナー経営者は自身の経営権・財産権の承継について考えないといけませんが、自身の事業承継については後回しになっているのが現状ではないでしょうか。

　近年、後継者不足も一因となり、M&A仲介会社が事業承継について経営者へ熱心にアプローチしているようです。M&Aは事業承継の有効な手段の一つであることは確かですが、弊社としてはM&Aだけでなく、オーナー経営者と事業承継について様々な観点から検討してほしいと考えています。
　しかしながら、事業承継や相続の問題について、顧問税理士やコンサルタントの方々がオーナー経営者へ積極的に提案することに躊躇することも多いと思います。

　この書籍は弊社が経験してきた事例を一般化し、一つの質問に対して、解決策の入り口を解説しています。様々な課題に対して、具体的な解決策を提示して

いますので、どれか一つでも皆様の提案や課題解決のヒントになれば幸いです。

　最後になりましたが、Profession Journalへの連載にあたり、当初よりアドバイスいただきましたProfession Journal編集部の坂田啓氏、村上遼氏、柳瀬広陽氏、そして書籍化にあたりご尽力いただきました株式会社清文社の藤本優子氏に心より御礼申し上げます。

2023年6月

太陽グラントソントン税理士法人

Ⅰ 概要編

Ⅱ 事例編

第1章 相続・贈与

第2章 事業承継

第3章　株価対策

第4章　組織再編

第5章　信託・不動産

第6章 持分の定めのない法人

第7章 その他

　本書は、実際の事例を一般化し解決策を提示していますが、具体的な対策については、税理士等専門家と相談のうえ、実行されることをお勧めします。

※本書は、2023年5月末日現在の法令等に基づいています。

【凡　例】

◆法律名略称

所法	所得税法
所令	所得税法施行令
所規	所得税法施行規則
所基通	所得税基本通達
法法	法人税法
法令	法人税法施行令
法規	法人税法施行規則
法基通	法人税基本通達
相法	相続税法
相令	相続税法施行令
相規	相続税法施行規則
相基通	相続税法基本通達
財基通	財産評価基本通達（相続税財産評価に関する基本通達）
消法	消費税法
消令	消費税法施行令
消規	消費税法施行規則
消基通	消費税法基本通達
措法	租税特別措置法
措令	租税特別措置法施行令
措規	租税特別措置法施行規則
措通	租税特別措置法基本通達
地法	地方税法
地令	地方税法施行令
会	会社法
会令	会社法施行令
会規	会社法施行規則
登免法	登録免許税法
不登法	不動産登記法
金商法	金融商品取引法
金商令	金融商品取引法施行令

◆（　）内においては、下記例のように略語を用いています。

相法51②一ハ………相続税法第51条第2項第一号ハ

概要編

1 事業承継をめぐる現状

　日本の中小企業経営者の財産のほとんどが、自身が経営する会社の株式であることが多く、日本は相続税が高額になることから、「事業承継とは税金対策」と考えられがちです。

　一方、相続税のことだけを考えていては、後継者の経営権の問題、従業員・取引先・債権者(銀行)との関係、経営者家族の幸せのいずれかが損なわれることになります。

　したがって、事業承継を考えるうえでは資産の承継と経営権の承継の両方の対策を考える必要があります。

1 経営権の承継

　経営権の承継のポイントは以下の通りです。

①後継者がいる場合

　後継者が決まっている場合は、どのように会社の議決権を後継者に集中させるかを検討しなければなりません。最低でも後継者は議決権の50%超を確保する必要があります。

　経営権の承継の際に検討されるスキームの代表的なものとしては以下の通りです。

> ・種類株式や属人的株式を用いた後継者への議決権の集中
>
> ・事業承継税制の適用

　まず、相続時に株式(議決権)を分散させないことが大切ですが、遺産分割や納税資金対策上分散してしまうことはよく起こります。

会社法上は、株主平等の原則の例外として、定款に定めることにより、議決権について株主ごとに異なる取り扱いをすることができます。実務上も種類株式は経営権の承継の際に幅広く使われています。

　事業承継税制の特例措置については、対象が全株式・納税猶予割合100％となっており、期限が決まっていますが、資産承継と経営承継の両方の対策を同時に完了させる制度となっています。

（※）計画策定が2024年3月31日まで、適用期限が2027年12月31日までとなっています。

　一方、納税猶予を受けられる見返りに、株式の継続保有など納税猶予が取り消しとなる要件がいくつか定められていますので、その適用には慎重な対応が求められます。

②後継者がいない場合

　後継者がいない場合は、親族でない役員や従業員への親族外承継又は外部への株式譲渡（M&A）の検討となります。

　役員や従業員への株式の譲渡については、その役員・従業員たちの資金負担をどれだけ減らして譲渡できるかがポイントとなります。持株会や資産管理会社を使って譲渡されることが多いです。

　外部への売却については、近年、M&Aの利用も増えています。中小企業庁が公表している2022年度中小企業白書によると、上場しているM&A仲介会社3社と中小企業庁に登録されているM&A支援機関の2020年度のM&A成約件数は2,000件強とされており、毎年右肩上がりで増えています。

　上記すべてが事業承継型のM&Aではありませんし、またM&Aには多額のコストがかかることから仲介会社やコンサルティング会社の利用を躊躇する会社もあるようです。

　しかし、中小企業経営者の事業承継にM&Aという選択肢ができたことにより、後継者不在による廃業を防ぐことや、事業承継に気が進まない子供や親族に無理に承継させる必要がなくなるといった効果も想定されるので、日本の産業にとってはプラスと考えられます。

2 資産の承継

　中小企業における資産承継対策としては、相続する株数、評価額を少なくする株式対策と、相続税の納税資金を確保する納税資金対策を検討していきます。

　主なポイントは以下の通りです。

---

　①株式の評価の引き下げ対策

　②株式の数量減少対策

　③納税資金対策

---

①株式の評価の引き下げ対策

　株式の評価は財産評価基本通達に従い、1株当たりの評価の引き下げを検討します。具体的には、会社の再編や資産の取得を通じて行われるのが一般的です。

　ただし、近年は行き過ぎた評価の引き下げ対策について、以下の通り税務当局による否認リスクが高まっています。

　2022年4月19日に最高裁判所において、節税目的で取得した不動産における財産評価基本通達の総則6項の適用の是非に関する判決が出たことにより、事業承継コンサルティングの提案方法に大きな影響がありました（TAINSコードZ888-2406）。

　詳細については、様々な媒体で紹介されているので割愛しますが、相続直前に多額の借入金によって不動産を購入し、相続税の納税を免れていたという事案です。結果として最高裁はその不動産の評価を財産評価基本通達の低い評価ではなく、市場価額による評価とする判決を出しました。

　相続税法において、財産の価額は相続・贈与のあった時の時価（相法22）と定められています。しかし、具体的な評価方法は法律では定められておらず、法律ではない財産評価基本通達において詳細な評価方法を定めていま

す。

　財産評価基本通達は法律に定める時価を超えないよう保守的な計算方法となっていますが、その通達を利用した節税目的のために時価と大幅に乖離するような評価方法は認められない、ということを最高裁判所は指摘していると考えます。

　今まで個人や法人において借入金で不動産を購入し、相続税の評価を引き下げることはごく一般的に行われてきましたが、今後は慎重な対応が求められることになりました。

②株式の数量減少対策

　オーナー経営者が所有する株式を生前に贈与・譲渡することにより、相続時の株数を減少させます。また、株価下落のタイミングなどを見計らって、相続時精算課税による贈与も検討の余地があります。

　数量減少対策は、早くから少しずつ贈与・譲渡していくとその効果は大きくなります。

③納税資金対策

　通常は株式の評価引き下げ、数量減少対策を行ったとしても相続税は課税されることになります。最後の納税資金対策は重要な課題です。

　納税資金確保としては、役員退職金、保険、金庫株等の手法が考えられ、それでも納税資金が足りない場合は、延納・物納を検討することになります。

2 事業承継の考え方

　事業承継対策には経営権の承継と資産の承継の2つがあると説明しましたが、その対策を考えるにあたって、以下の12のポイントを検討することにより、課題が具体的になります。

---

①後継者計画

・オーナー経営者はいつ引退するかを決めていますか？

　経営権の次世代への移行は突発的な事項とはせず、計画的に何年もかけて行うものです。また、後継者の選択やそのルールを明示することで家族間の対立や会社の混乱を回避することになります。

②報酬計画

・ファミリーメンバーへの報酬はその能力と貢献度に応じていますか？

　同族会社における報酬の支払いは情緒的な理由で決定されることがありますが、親族と従業員の給与は公平に評価すべき事項です。

③ファミリーメンバーの持分権

・株式を保有しているファミリーメンバーはその会社で働いていますか？

　ファミリーの株式の持分権は、事業に関与するメンバーの持ち分を増やすべきと一般的には考えられます。

④事業に関与しないファミリーメンバー

・そのファミリーメンバーは保有している株式を投資と経営への参画する権利のどちらと考えていますか？

　オーナー経営者や後継者は所有する株式を経営権と捉え、事業に関与しないファミリーメンバーは財産権と捉えるため、経営と所有をできる限り公平に分けることが必要になります。

⑤ファミリー以外の幹部報酬、登用

・ファミリー以外で将来の事業の成功にとって重要な人物がいますか?

　ファミリー以外の幹部役員・社員にも、適切な評価を行い、市場価値にふさわしい報酬を支払う必要があります。ただし、いくら重要な幹部役員・社員だといっても株式を保有させることに対しては慎重に判断しなければなりません。

⑥ 退職及び相続計画

・オーナー経営者は自身の引退について率直に話していますか?

　先代経営者に対する不十分な退職計画が後継者にとって重大な障害となる可能性があります。会長職や相談役などの名誉職は後継者に円滑に経営権を引き継ぐために必要な役職ですが、その名誉職の退職時期や報酬については事前に決定しておかなければなりません。

⑦ ファミリーメンバーの事業への参画

・将来、ファミリーメンバーの中から事業に参画する可能性のある人はいますか?

　ファミリーメンバーが事業に関与するのは、当然の権利ではありません。オーナー経営者自身が後継者の資格や条件、必要とされる能力を明示する必要があります。

⑧ 事業戦略計画

・事業計画にオーナー経営者の将来の引退が盛り込まれていますか?

　同族会社は長期の目線に立って事業計画を作成することが可能です。オーナー経営者が後継者とともに会社の事業戦略を策定しておくべきでしょう。

⑨ 財務構成

・事業承継にかかるコスト(相続税など)を認識していますか?

　同族会社の財務構成は、将来の納税資金、ファミリーメンバーからの株式の買取り等に備えて計画すべきです。

⑩資産の保全

・オーナー経営者は自身の引退後に備えて、会社外に資産を持っていますか?

　資産の保全の基本原則は、会社外にもファミリーの財産を築くことです。将来の遺産分割や会社の危機の時の保険となります。

⑪対立の解決

・オーナー経営者は自身の相続後にファミリー間での対立が起こることを想像していますか?

　家族間の対立はどの家庭でも普通に起こり得ることです。相続発生時には対立する前提で、その解決策を講じておくことが重要となります。

⑫一家の信条・理念

・家訓や社是はありますか?

　家族の信条やルール、会社の経営理念を共有することは対立の防止・軽減に役立ちます。

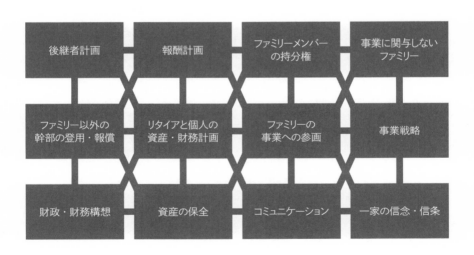

事例編

第**1**章

相続・贈与

毎年同じ金額を贈与する際の注意点

相談内容

　私は不動産賃貸業を営んでいます。将来は子供に私の事業と資産を引き継いでいくつもりですが、まだ子供は大学生なので、事業に関与させることはできません。そこで、まずは相続対策として、毎年1,000万円ずつ子供に贈与していこうと考えています。

　ところが、このような贈与を行った場合、何年後かに、「もともと決まっていた贈与（1,000万円×贈与年数）を1,000万円ずつ分割して支給しただけだ」と税務署から指摘され、多額の贈与税が課税されるリスクがある、と知人から聞きました。

　そのようなリスクはあるのでしょうか。

解決へのヒント

　贈与の都度、贈与者・受贈者のお互いが合意していれば、後から税務上の問題になることはありません。

解説

1　贈与税率

　毎年の贈与による財産の移転は、長期的には大きな効果を得ることができるので、事業承継・相続対策において有効な手段の1つとされています。

税制面でいうと、直系尊属からの贈与で、受贈者(贈与を受ける者)が贈与の年の1月1日で18歳以上の場合には、以下のように税率も優遇されています(特例贈与、措法70の2の5)。

〈贈与税の速算表〉

● 一般贈与財産用

基礎控除後の金額	税率	控除額
200万円以下	10%	―
300万円以下	15%	10万円
400万円以下	20%	25万円
600万円以下	30%	65万円
1,000万円以下	40%	125万円
1,500万円以下	45%	175万円
3,000万円以下	50%	250万円
3,000万円超	55%	400万円

● 特例贈与財産用

基礎控除後の金額	税率	控除額
200万円以下	10%	―
400万円以下	15%	10万円
600万円以下	20%	30万円
1,000万円以下	30%	90万円
1,500万円以下	40%	190万円
3,000万円以下	45%	265万円
4,500万円以下	50%	415万円
4,500万円超	55%	640万円

－ 計　算　例 －

1,000万円を贈与した場合のそれぞれの税額は、以下の通りです。

①一般贈与財産の場合

　（1,000万円 － 110万円）× 40% － 125万円 = 231万円

②特例贈与財産の場合

　（1,000万円 － 110万円）× 30% － 90万円 = 177万円

② 贈与時の注意点

贈与において一般的に考えられる税務上のリスクは、以下の2点です。

（1）定期金の贈与（相法24、相基通24－1）とされるリスク

定期金とは「契約により、ある期間定期的に金銭その他の給付を受けることを目的とする債権」をいい、もともと決まっていた贈与を分割支給（定期金の贈与）しただけとみなされ、贈与を行った総額に対し、上表の通り高い税率による課税等が行われるというリスクです。

（2）名義預金とされるリスク

子供名義の預金口座に親が勝手に振り込んだだけで、預金通帳や印鑑は親が管理しているなど実質的に口座の管理は親が行っていることから、振り込んだお金は贈与されていない（名義預金）とみなされるリスクです。

そもそも税法には「贈与」という行為が明文化されていないので、その定義は民法から借用することになります。民法549条では次のように規定されています。

贈与は、当事者の一方がある財産を無償で相手方に与える意思を表示し、相手方が受諾することによって、その効力を生ずる

つまり、実際の贈与の際、民法の規定通りに双方が合意していれば、上記(1)(2)のような税務上のリスクとなることはありません。

　ただし、事業承継・相続対策においては、贈与する側が税理士等の専門家と相談するなど様々なケースを想定したうえで「贈与」という選択を行いますが、贈与を受ける側の意思(相手方の受諾)というものが軽視される傾向があるため、ここに税務上のリスクが生ずることになります。

　したがって、ご相談の場合、贈与の都度、「お互いが合意した」という証拠を対外的に説明できる状態で残しておけば、後々、税務上の問題となることはありませんので、実務上は以下の点に注意すればよいでしょう。

①贈与契約書を作成し、贈与者・受贈者ともに自署する
②契約書通りに贈与者から受贈者に贈与(銀行振込み)し、その財産は受贈者が管理する
③贈与税の申告は、受贈者が申告書の提出・贈与税の納付を行う

　類似する事例が国税庁のホームページに掲載されていますので、参考にしてください。
【参考】　国税庁・文書回答事例
　「暦年贈与サポートサービスを利用した場合の相続税法第24条の該当性について」

2 幼い子への資産移転後の注意点（国外転出時課税）

　私Xは40歳の会社経営者です。30歳の時にA社を創業し、今年、その会社を上場させることができました。

　創業当初は赤字が続いていましたので、その間に私が設立したB資産管理会社へA社株式の30％を譲渡し、B社株式を当時5歳だった私の子Yに贈与しました（下図参照）。

　私としては、上場時に発生した株式の含み益の一部を、子であるYにうまく移転できたと思っているのですが、今後、何か注意する点はありますか。

〈A社上場前〉

　Step1：Xが所有するA社株式の30％をB社へ譲渡
　Step2：Xが所有するB社株式のうち99株を無議決権株式に転換し、Yに贈与
　　　　　B社の議決権はXが100％保有し、財産価値の99％はYが保有

〈A社上場後〉

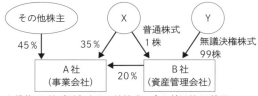

上場後、B社が所有するA社株式の含み益は約20億円

解決へのヒント

　ご相談の場合、株式上場による株価上昇の含み益の一部は、うまくお子さんに移転できたと考えますが、今後はお子さんの成長に伴い、「国外転出時課税制度」の適用に、継続的に注意する必要があります。

.... 　解説　...

① 事業承継対策と国外転出時課税制度

（1）国外転出時課税制度とは

　国外転出時課税制度（出国時課税制度ともいいます）とは、国外転出する居住者がその時点（出国時点）で時価1億円以上の有価証券等を有する場合に、その有価証券等を譲渡したものとみなして、所得税を課税する制度をいいます（所法60の2①⑤）。

　国外転出時課税制度が創設される以前は、多額の含み益を有する有価証券を保有したまま出国し、キャピタルゲイン課税のない国において売却することにより、日本での課税を逃れることができました。平成27年度税制改正でこの制度ができたことにより、上記のような租税回避行為はできなくなりました。

（2）海外留学や海外勤務の増加で適用リスクが高まる

　事業承継対策において国外転出時課税制度は、特に企業オーナーの子供たちが出国する際に問題となる場合があります。

　というのも、近年、海外留学や海外勤務を行う人が増えてきており、企業オーナーの子供たちであれば、当然そのような機会も多くなります。その際に、今回のケースのように、多額の含み益を有する資産管理会社の株式を持っていることもありますので、国外転出時課税制度が適用される可能性

が高くなります。

（3）国外転出は海外留学も含まれる

　国外転出時課税制度における『国外転出』とは、「国内に住所及び居所を有しないこととなること」(所法60の2①)と定義されており、所得税法上「居住者」から「非居住者」になる人が対象になります。

　したがって、国外で継続して1年以上の予定で仕事をする場合(留学も含む)は非居住者となりますので、国外転出時課税の対象となります(所令15①、所基通3－2)。

（4）課税対象となる資産

　国外転出時課税の対象資産としては、主に以下のものが挙げられます。

● 有価証券(株式、投資信託、国債、社債、新株予約権等)
● 匿名組合契約の出資持分
● 未決済信用取引等
● 未決済デリバティブ取引

② 帰国を前提とする場合は納税猶予の手続きを

　実際には、国外転出時の未実現損益に対する所得税を納税する人はまれであり、帰国を前提として、納税猶予を選択することが一般的です。

　国外転出時課税制度における納税猶予とは、国外転出者がその国外転出する日までに、納税管理人の届出を行い、かつ、当該年分の確定申告期限までに、当該納税猶予分の所得税に相当する担保を税務署に供した場合に、5年間の納税が猶予されるという制度です(所法137の2①)。

　また、海外での滞在が長期に及ぶ場合は、国外転出する日から5年を経過する日までに、延長の届出を納税地の税務署長宛てに提出することにより、納税猶予期間をさらに5年延長できます(所法137の2②)。

納税猶予期間中は、各年の12月31日に有している納税猶予の対象となった資産等を記載した届出書を、翌年の3月15日までに所轄税務署に提出する必要があります（所法137の2⑥）。

　また、納税猶予の期間満了までに帰国した場合は、帰国後4ヶ月以内に更正の請求をすることにより、国外転出時課税の適用がなかったものとして、課税を取り消すことができます（所法153の2①）。

【例：令和4年4月1日に海外留学するために出国する場合】

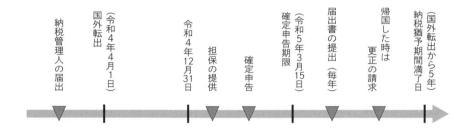

③ 結論

　お子さんが小さい時に行う株式の含み益の移転については、10年、20年にわたって国外転出時課税制度が付きまとうということに注意が必要です。顧問税理士としては、毎年オーナー家族の出国の予定を確認することにより、納税猶予等の手続き漏れを防ぐことができます。

　グローバル化した昨今、将来子供たちが海外へ留学したり、海外で仕事や家庭を持つというケースは十分あり得ることと認識したうえで、事業承継対策を実行すべきでしょう。

【参考】　国税庁ホームページ
「国外転出時課税制度」

3 事業承継にあたっての少数株主の相続対策

相談内容

　A社は創業者が20年前に亡くなり、長男XがA社株式の80％、長女Yが20％の株式を相続しました。その後はXが代表取締役として会社を引き継ぎ、Yは取締役としてXを支え、従業員の協力もありこれまで会社の業績は堅調に推移してきました。なお、A社はこれまで無配当であり、株価（原則的評価方式による相続税評価額）は高い状況となっています。

　このたびXは70歳を迎え、Yとも話し合い、Xの息子Z（A社取締役）に事業承継することを決めています。Yには子1人と孫2人がいますが、この3人にA社での勤務経験はありません。

　この場合、Y所有のA社株式は、どのように相続対策すればよいでしょうか。株価は高く、Yにもしものことがあったときの納税資金に不安を感じています。

　なお、A社業態は多額の運転資金が必要であり、銀行借入れに頼らざるを得ない状況のため、余剰資金はあまりなく、A社に納税資金を頼るにも限界があります。

解決へのヒント

（1）生前に移転：Y所有のA社株式を子と孫に5％弱ずつ、配当還元価額により贈与する。

（2）相続時に移転：相続したA社株式をA社が買い取り、納税資金を確保する。

（1）　贈与

（2）　相続

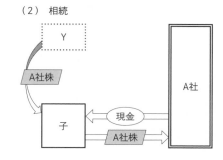

1 同族株主のいる会社の株式評価

　下図の通り、同族株主の中でも一定の要件を満たす者への株式の異動は、配当還元方式による評価額によります。具体的には下図の「その他」に該当する者です。

　Yから贈与を受ける子や孫から見て、「中心的な同族株主」はXとなります。Yの子及び孫はいずれも「同族株主」ではあるものの、その配偶者、直系血族、兄弟姉妹及び一親等の姻族（一定の法人を含む）の議決権割合の合計は25％未満となり、「中心的な同族株主」には該当しません。

株主の態様（同族株主のいる会社）[※1]				評価方法
同族株主	取得後議決権割合5%以上			原則的評価方式
	取得後議決権割合5%未満	中心的な同族株主[※2]がいない場合		
		中心的な同族株主がいる場合	中心的な同族株主	
			役員である株主又は役員となる株主	
		その他		配当還元方式
同族株主以外の株主				

（※1）評価会社の株主のうち、課税時期において株主の1人及びその同族関係者（法令4）の有する議決権の合計数が、その会社の議決権総数の30％以上（50％超のグループがある場合は50％）である場合におけるその株主及びその同族関係者

（※2）同族株主とその配偶者、直系血族、兄弟姉妹及び一親等の姻族（一定の法人を含む）の議決権割合の合計が25％以上である場合のその株主

② 配当還元価額による A 社株式贈与

A社は株価が高い反面、余剰資金がないため、相続税の納税資金を会社から捻出することは難しい状態です。対応策として、生前にYの子及び孫へ株式を贈与することが考えられます。

これは、株式取得後のYの子及び孫は「同族株主」には該当しますが、「中心的同族株主」でなく「A社役員」でもないため、同族株主の中でも取得後議決権割合が5％未満の場合は「配当還元価額での株式評価」が可能ということを利用した対策です。

例えば、子1人及び孫2人に4％ずつ（3人×4％＝12％）の株式を贈与することで、Yが所有する株式を8％まで減らすことができます。配当還元方式はA

社が無配であるため、原則的評価方式よりも著しく低い価額で贈与が可能となります。

③ 相続した A社株式について

　Y所有のA社株式のうち配当還元価額で贈与できなかった残り8%について、相続発生時、Yの子がその全株を相続する場合、そのときのA社株式は原則的評価方式により評価する必要があります。

　これは相続人であるYの子の取得後議決権割合が12%（4%（贈与取得）＋8%（相続取得））となり、5%以上になるためです（前掲図参照）。これにより、その評価額によっては多額の納税資金を確保する必要があります。

　納税資金を確保するため、Yの子が相続するA社株式をA社へ譲渡すること（以下、「自己株式の取得」とする）が考えられますが、一定の条件の下、次の税制優遇措置があります。

税制優遇	条　件	内　容
自己株式取得時のみなし配当課税不適用の特例	相続申告期限の翌日以後3年内に、自己株式を取得	譲渡所得（20.315%）課税が生じ、みなし配当（総合所得：最高55.945%）課税は生じない（措法9の7）。
相続税額を取得費に加算する特例		A社株式に課された相続税額のうち、A社株式に対応する相続税額を取得費に加算し譲渡所得の収入金額から控除することができる（措法39）

　一方、A社株式の株式評価については、相続時と自己株式の取得時とでは税務上是認される評価額が相違するため、下記に留意が必要です。A社への譲渡価額が著しく低い場合、譲渡者にみなし譲渡課税（所法59①）や他の同族株主にみなし贈与課税（相法9）が生じる可能性があるため、A社への譲渡価額の決定には注意が必要です。

	株　価	内　容
相続時	相続税評価額	財産評価基本通達178〜189―7に基づき評価した金額
譲渡時	・法人税基本通達に基づく評価額 　（法基通9―1―14） ・所得税基本通達に基づく評価額 　（所基通59―6）	財産評価基本通達178〜189―7に基づき評価した金額に、下記を考慮した金額^(※) ①　財産評価基本通達178に定める「小会社」に該当するものとして算定 ②　土地、上場有価証券については譲渡等の時における価額として算定 ③　財産評価基本通達182―2により計算した評価差額に対する法人税等に相当する金額は控除しないものとして算定 （※）課税上の弊害が認められる場合を除く

 4　結論

　本件の場合、A社の資金繰りを悪化させることなく、相続税の発生による納税資金を確保することが重要です。

　まずは、Y保有のA社株式を配当還元価額でYの子及び孫に贈与して生前に株数を減少させることで、相続発生時に生じる相続税を大きく抑えます。

　次に、Yの子が相続により取得したA社株式については、YのA社への貢献に対する還元として自己株式の取得という形で、遺産を現金化し納税資金等とすることが考えられます。

　なお、生前にYの子及び孫に贈与したA社株式(4%ずつ)については今後も残存するため、将来さらに遠い親戚に移転する等いずれかのタイミングで買い戻すことを検討すべきです。

4 資本金等の額が大きい会社の自己株式の取得

相談内容

　私Kは不動産管理業を営む非上場会社T社の代表取締役社長（65歳）です。

　私には、長男A（35歳）と次男B（33歳）がいます。Aはサラリーマンで、不動産業にも会社経営にも興味はないようです。Bは障害をもっており、私の扶養で妻が面倒を見ています。

　このような状況ですので、T社は私の代で清算させようと思っています。小規模企業ですので、費用対効果からM&Aも検討していません。

　T社の直近期の財務状況等は下記の通りです。

貸借対照表

現金預金	300,000	諸負債	100,000
諸資産	100,000		
		資本金	10,000
		利益剰余金	290,000
	400,000		400,000

売上高	200,000
税引後利益	20,000
法人税法上の資本金等の額	300,000
発行済株式	100株
（※Kが100%保有）	

　私もまだ元気ですし、今すぐ会社を清算するつもりはありませんが、Bが障害をもっていることもあり、私の身に“万が一”のことがあった時が心配です。そのため、T社の現預金の一部を拠出し、将来、Bが安心して住める不動産だけでも予め取得し、遺言で相続させたいと考えています。

この場合の現預金の拠出方法について、この先数年間の配当や役員報酬を増額して原資とすることも考えましたが、私の所得税等の負担が大きくなってしまいます。何かよい方法はありますか。

　T社は貸借対照表上の資本金に比べて法人税法上の資本金等の額が大きく、K保有のT社株式をT社に買い取らせても、みなし配当課税が生じない可能性があるため、自己株式の有償取得の検討をお勧めします。

 自己株式の取得と財源規制

　会社が自ら発行する株式を株主から取得することを自己株式の取得といいます。自己株式の取得には有償取得と無償取得の2つがありますが、本書では有償取得の取り扱いを解説します。

　自己株式の有償取得が無制限に行われると、会社の債権者が債権を十分に回収することができなくなります。そこで会社法では、自己株式の対価である金銭等の帳簿価額の総額が取得の効力発生日における「分配可能額」を超えることはできないと定めています。

　そのため、自己株式を活用したスキームを検討する場合には、まず、分配可能額を算定する必要があります。

　分配可能額の算定はかなり複雑な規定がされていますが、貸借対照表上の剰余金の額をベースに一定の調整をして算出します（会446、461②）。

② 自己株式の取得の課税関係

　自己株式の取得（市場からの購入等一定の方法による場合を除く）が行われた場合において、自己株式の取得対価の額がその株式に対応する法人税法上の資本金等の額を超えるときは、その超える部分の金額は株主に対する「みなし配当」となります（法法24①五、所法25①五）。

（1）発行法人の課税関係

　法人税法上、自己株式は有価証券の定義から除外されており（法法2二十一）、自己株式を取得した場合は資本金等の額及び利益積立金額を減算することとされています（法令8①二十・二十一、9①十四）。つまり、自己株式の取得は資本等取引に整理されますので、発行会社において課税関係は生じません（法法22②⑤）。

（2）株主の課税関係

　株主においては、自己株式の譲渡対価を株式の譲渡収入に対応する金額とみなし配当の金額に区分して計算します。

　個人株主であれば、株式の譲渡益に対応する部分は、所得税及び復興特別所得税15.315％、住民税5％の税率による分離課税の対象となります。一方で、みなし配当部分は配当所得として総合課税の対象となり、累進税率が適用されます。このため、自己株式の取得によりみなし配当が生じるケースでは適用税率が高くなる傾向にあります（最高税率55.945％：所得税及び復興特別所得税45.945％、住民税10％）。

　なお、みなし配当についても配当控除の適用があります（所法92）。

（3）みなし配当の金額（配当所得の計算）

みなし配当の金額は、下記の算式に基づいて計算します。

〔みなし配当の金額の計算式〕

みなし配当の金額＝交付を受けた金銭の額－資本金等相当額

〔資本金等相当額〕

資本金等相当額＝1株当たり資本金等の額×譲渡した自己株式の数

$$1株当たり資本金等の額＝\frac{自己株式取得直前の発行会社の資本金等の額}{自己株式取得直前の発行済株式総数（自己株式を除く）}$$

（4）譲渡所得等の計算

譲渡所得等の金額は、下記の算式に基づいて算定します。

〔譲渡所得等の金額の計算式〕

譲渡所得等の金額＝収入金額（A）－（取得費＋譲渡費用）

（A）　譲渡所得の収入金額 ＝ 自己株式の譲渡対価 － みなし配当の金額

（注）株式の譲渡益は、所得税及び復興特別所得税15.315%、住民税5%の税率による分離課税の対象となります。

③ 本事例へのあてはめ

　T社の直近期の貸借対照表の純資産は300,000、資本金が10,000ですが、資本金等の額は300,000となっています。T社のように、資本金の額に比べて資本金等の額が多額になるケースとしては、例えば過去に無償減資等により欠損填補した後に業績が改善し、利益体質の会社になった場合などが考えられます。

　自己株式の取得スキームでネックになるのは、個人株主においてみなし配当部分が配当所得として総合課税の対象になることによる税負担です。

しかし、T社のような資本金等の額が多額な企業においては、自己株式を有償取得したとしても譲渡対価が資本金等相当額を超えず、みなし配当が生じない（もしくはみなし配当部分が少額となる）ケースもあります。みなし配当が生じない場合、個人株主においては株式譲渡益について所得税及び復興特別所得税15.315％、住民税5％の税率による負担となります。

● T社自己株式取得におけるみなし配当の金額及び譲渡所得税の計算
〔前提〕
・T社がKから自己株式を取得する際のT社株の1株当たりの適正な時価は簿価純資産である3,000と仮定し、当該時価により譲渡が行われたものとする。
・KのT社株式の1株当たりの取得費は2,000とし、譲渡費用は0とする。
〔みなし配当の金額〕

自己株式の譲渡対価	1株当たり資本金等の額^(※)	1株当たりみなし配当の金額

自己株式の譲渡対価　　　1株当たり資本金等の額^(※)　　1株当たりみなし配当の金額
　　3,000　　　　　　－　　　　　3,000　　　　　　＝　　　　　　0

（※）1株当たり資本金等の額
　　　資本金等の額　　発行済株式総数　　1株当たり資本金等の額
　　　300,000　÷　　100　　　＝　　　　3,000

　∴みなし配当課税はない

〔1株当たりの譲渡所得等の金額〕

1株当たり収入金額（A）　　取得費　譲渡費用　　1株当たりの譲渡所得等の金額
　　3,000　　　　－（2,000＋　0　）＝　　　　　1,000

（A）1株当たり収入金額　　自己株式の譲渡対価　　みなし配当の金額
　　3,000　　　　＝　　　　3,000　　　－　　　　0

〔1株当たりの譲渡益に対する所得税及び復興特別所得税・住民税〕

1株当たり譲渡所得等の金額	税率	1株当たり所得税及び復興特別所得税・住民税
1,000	× 20.315% =	203

　譲渡対価については、「適正な時価」によることとされています。適正な時価の算定については、一般的には所得税基本通達59−6によりますが、時価純資産価額を採用する場合もあります。

④ スキームの検討

　T社の事業の遂行、キャッシュ・フローに支障が生じない範囲で自己株式の取得を実行します。Kの財産がT社株式から現預金に変わります。

　その後、Kの希望通り取得した現金で障害をお持ちのBのための不動産などを購入し、遺言により相続させます。

死因贈与で上場会社株式を発行会社に贈与する場合の課税関係

相談内容

　私は上場会社 C 社の創業者の I です（C 社からは退職しています）。現在、C 社の株式を9.80％保有しており時価は約10億円です。

　私には子供がおらず、両親は他界しており、妻 Y と兄 J がいます。

　兄 J に財産を残す気はないため、財産はすべて妻 Y に相続させる旨の遺言を書く予定ですが、C 社株式については妻に相続させたとしてもいずれ市場に放出させることになるため、相続させないでおこうと考えています。

　C 社株式を生前に市場に放出すると C 社の株価に影響しますし、妻 Y に残す財産は C 社株式以外にも十分ありますので、C 社株式については、私と C 社で死因贈与契約を締結し、私が死亡した際に C 社に贈与することを検討しています。

　この場合の課税関係について教えてください。

● C社の大株主一覧

株主	持株比率 (%)
I	9.80
某信託口	9.40
A社	7.60
B社	7.40
C社	6.50
D社	6.30

（注）法法2十の同族会社には該当しない。

●Ⅰの財産

種類	相続税評価額 （単位：円）
自宅の不動産	200,000,000
C社株式[※]	1,000,000,000
その他金融資産など	400,000,000
計	1,600,000,000

※取得価額は50,000,000円

解決へのヒント

（1）C社が同族会社に該当しないのであれば、C社の無償による自己株式の取得について、一般株主に課税関係は生じないと考えます。

（2）Ⅰについては死因贈与契約に基づき、法人(C社)への株式贈与が履行されることから、Ⅰの死亡時にみなし譲渡所得の課税が生じます。

（3）みなし譲渡所得課税に係る所得税額は相続税の計算において債務控除の対象となります。

解説

1 発行会社（C社）の課税関係

　法人税法上、自己株式は有価証券の定義から除外されており(法法2二十一)、自己株式の取得は資本等取引に整理されます。したがって、発行会社C社において自己株式をⅠから贈与により取得しても、課税関係は生じないものと考えます。

② C社の既存株主（個人）の課税関係

　同族会社に対し無償で財産の提供があったことにより、その会社の株式の価額が増加した場合、株主はその株式の価額の増加した部分に相当する金額を贈与により取得したとみなされます（相法9、相基通9-2（1））。

　しかし、C社は法人税法上の同族会社には該当しないとのことですので、C社の個人株主にはみなし贈与課税の取り扱いが及ばず、課税関係は生じません。

③ C社の既存株主（法人）の課税関係

　個人株主と同様に、資産価値の移転を受ける他の法人株主についてはC社株式の価額が増加することになります。

　価値の移転が外的要因によって生じたものではなく、移転を意図し、関係者間の了解や合意のうえで実行された場合には、それが実現したものとして課税所得を構成すると判断すべき場合があります。

　しかし、ご相談のケースでは「IとC社の死因贈与契約による贈与の履行」という外的要因による価値の移転であり、法人株主が保有するC社株式の価値の増加は実現した利益ではなく、単なる含み益であり課税関係は生じないと考えます。

④ 贈与者（I）の課税関係

　個人が法人に対して贈与又は遺贈により譲渡所得の起因となる資産の移転をした場合には、その贈与等の時の時価に相当する金額で譲渡があったものとみなされ、贈与者である個人Iにはみなし譲渡所得税が課されます（所法59①一）。

　したがって、Iが死亡した場合には、死因贈与契約に基づきC社の株式

の贈与が履行されることから、Ｉの死亡時にはＩにみなし譲渡所得の課税が生じます。

　なお、ＩとＣ社が株式に係る死因贈与契約を締結した場合、その締結時点において課税関係が生じることはありません。

　Ｉの死亡時のＣ社株式の時価[※1]が1,000,000,000円だった場合の譲渡所得税等の金額は下記の通りです。

$$\underset{\text{譲渡所得の金額}}{950,000,000円} = \underset{\text{収入金額}}{1,000,000,000円} - \underset{\text{取得費[※2]}}{50,000,000円}$$

$$\underset{\text{所得税等}}{145,492,500円} = \underset{\text{譲渡所得の金額}}{950,000,000円} \times \underset{\text{税率[※3]}}{15.315\%}$$

（※1）みなし譲渡所得の収入金額であるため、財産評価基本通達169を援用するのではなく、死因贈与があったとき（Ｉの死亡日）の価額（その日の最終価額）とすべきと考えます。

（※2）譲渡費用はないものとして計算しています。

（※3）所得税・復興特別所得税＝15.315%

●Ｉの相続税のシミュレーション（単位：円）

	評価金額	取得者	
		妻Ｙ	兄Ｊ
自宅不動産	200,000,000	200,000,000	－
その他金融資産など	400,000,000	400,000,000	－
財産合計	600,000,000	600,000,000	－
租税債務[※4]	145,492,500	145,492,500	－
その他の債務[※5]	－	－	－
債務合計	145,492,500	145,492,500	－
純資産価額	454,507,500	454,507,500	－
課税価格（千円未満切捨）	454,507,000		
基礎控除額	42,000,000		

課税遺産総額	412,507,000	309,380,000 (千円未満切捨)	103,126,000 (千円未満切捨)
適用税率		50%	40%
控除額		42,000,000	17,000,000
相続税の総額(百円未満切捨)	136,940,400	112,690,000	24,250,300
按分割合		100%	0%
各人の算出税額	―	136,940,400	―
配偶者の税額軽減	102,705,300	102,705,300	
各人の納付税額 (百円未満切捨)	34,235,100	34,235,100	―

(※4) Ⅰの準確定申告におけるみなし譲渡所得に係る所得税額はⅠの相続税の計算において租税債務として債務控除の対象となります(相法13①)。また、便宜上、上記のみなし譲渡所得に係る所得税以外の租税債務はないものとして計算しています。

(※5) 債務控除の対象となるものはないものとして計算しています。

(注) 法定相続分は妻が4分の3、兄が4分の1となります。

⑤ まとめ

　同族会社の自己株式の無償取得については、みなし贈与の規定により他の個人株主に贈与税が課税される場合があるため、その実行に際しては注意が必要です。しかし、C社のように同族会社に該当しない場合には、みなし贈与課税を懸念する必要はありません。

　ⅠのC社株式の保有比率からすると、C社株式を市場に放出した際には株価に与える影響は大きいと思われますが、自己株式の無償取得であれば市場に与える影響は抑えられ、既存株主も保有比率が上昇しますので、会社・既存株主としてはメリットが大きいスキームでしょう。

6 海外居住者の相続税と国外転出時課税制度

相談内容

　私Aは、製造業を営むX社（非上場会社）の社長です。X社の株式は私が40%、後継者の息子B（日本国籍）が60%を所有しています。Bは3年前からシンガポールにあるX社の子会社Y社へ出向しており、妻Cと長男D（いずれも日本国籍）と共にシンガポールで暮らしています。

　Bが日本から出国する際には、私がBの納税管理人となり国外転出時課税の納税猶予の適用を受けました。

　Bは今年帰国する予定だったのですが、新型コロナウイルスの影響で子会社の経営状況が悪化しており、その立て直しのため出向期間を延長することになりました。このような状況下で、万が一Bの相続が発生した場合に相続はどうなるのかが心配です。Bが海外居住中に相続が発生した場合の相続税の取り扱いについてご教示ください。

〈相続関係図〉

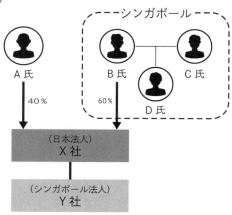

（1）相続税の納税義務は、被相続人及び相続人の国籍や住所地によって
　　異なります。
　　ポイントは「国籍」と「相続開始前10年以内の住所」です。
（2）相続財産が国内財産、国外財産どちらに該当するのかは財産の種類に
　　よって判定します。
（3）海外居住者であるC又はDがX社株式を相続する場合には、Bの国外
　　転出時課税の納税義務と納税猶予の期限を引き継ぐことになります。

解説

① 相続税の納税義務と課税範囲

　被相続人や相続人が海外に居住している場合や、日本国籍でない場合に
は、相続税の納税義務の判定が必要です。

　被相続人と相続人が日本国籍の場合、両者ともに相続開始前10年以上
日本に住所がない場合には、日本国内財産のみが相続税の課税対象になり
ますが、被相続人又は相続人のいずれかの住所が10年以内に日本にある場
合には、国内財産、国外財産のすべてが課税対象になります。

　下表は被相続人と相続人の状況別の相続税の納税義務の判定表です。

〈相続税の納税義務と課税範囲〉

(令和3年4月1日施行)

相続人受遺者 / 被相続人	国内に住所あり 一時居住者(※1)	国内に住所なし 日本国籍あり 相続開始前10年以内に国内に住所あり	国内に住所なし 日本国籍あり 相続開始前10年以内に国内に住所なし	国内に住所なし 日本国籍なし
国内に住所あり / 外国人被相続人(※2)	国内財産のみ課税	国内財産のみ課税		
国内に住所なし / 相続開始前10年以内に国内に住所あり（日本国籍なし(※3)）	すべての財産（国内財産・国外財産）に課税	すべての財産（国内財産・国外財産）に課税		
国内に住所なし / 相続開始前10年以内に国内に住所なし(※3)	国内財産のみ課税	国内財産のみ課税		

（※1）一時居住者

　　出入国管理及び難民認定法別表第1の在留資格で滞在している者で、相続開始前15年以内において国内に住所を有していた期間の合計が10年以下の者（相法1の3③一）。

（※2）外国人被相続人

　　相続開始の時において、在留資格を有し、かつ、日本国内に住所を有していた被相続人（相法1の3③二）。

（※3）非居住被相続人

　　相続開始の時において日本国内に住所を有していなかった被相続人のうち次に掲げる者（相法1の3③三）。

　　（1）相続開始前10年以内のいずれかの時において日本国内に住所を有していたことがある者のうちそのいずれの時においても日本国籍を有していなかった者

　　（2）相続開始前10年以内のいずれの時においても日本国内に住所を有していたことがない者

　　上表のほか、相続又は遺贈により財産を取得しなかった相続時精算課税適用者は、その相続時精算課税の適用を受けた財産について相続税の納税

義務があります(相法1の3①五、21の16①)。

 2 相続財産の所在

　相続財産の所在はその財産を相続により取得したときの現況により判定します。下表は財産の種類別の所在地です(相法10)。

〈財産の所在の判定〉

財産の種類	所在地
動産・不動産・不動産の上に存する権利	その動産・不動産の所在
船舶・航空機	登録した機関の所在
鉱業権・租鉱権・採石権	鉱区又は採石場の所在
漁業権・入漁権	漁場に最も近い沿岸の属する行政区画
預金・貯金・積金又は寄託金	受入営業所又は事務所
保険金	保険会社等の本店又は主たる事務所
退職手当金・功労金・給与	支払者の住所、本店又は主たる事務所
貸付金債権	債務者の住所、本店又は主たる事務所
社債・株式・法人に対する出資・外国預託証券	発行法人の本店又は主たる事務所
集団投資信託・法人課税信託に関する権利	信託の引受け営業所
特許権・実用新案権・意匠権	登録をした機関の所在
著作権・出版権・著作隣接権	権利の目的物の発行営業所
営業上・事業上の権利	営業所・事業所
日本国債・地方債	日本国内
外国国債・外国地方債	その外国
その他の財産	その財産の権利者であった被相続人の住所

　具体的にBの財産の所在地が国内か国外かを判定します。

〈Bの相続財産の所在地の判定〉

財産の種類	所在地の判定
X社株式	X社の本店→国内
シンガポールで使用している車などの動産	動産の所在→国外
日本の不動産	不動産の所在→国内
シンガポールの銀行預金	銀行の営業所の所在→国外
Y社からの退職金	支払者であるY社の本店→国外
その他の財産	Bの住所→国外

③ 国外転出時課税制度

　出国時に国外転出時課税の納税猶予の特例の適用を受けていた場合に、納税猶予期間の満了日の翌日以後4ヶ月を経過する日までに、その納税猶予を受けていた人に相続が発生した場合には、納税猶予分の所得税額の納付義務は、その納税猶予を受けていた人の相続人が承継します(所法137の2⑬)。

　納税猶予の特例の適用を受けていた人の相続人のうち非居住者である人は、既に納税管理人の届出をしている場合を除き、相続の開始があったことを知った日の翌日から4ヶ月以内に納税管理人の届出をする必要があります(所令266の2⑩)。

　この場合、相続人は、被相続人が適用を受けていた納税猶予の期限を引き継ぎます(所令266の2⑨)。

④ 結論

　ご相談のケースでは、日本国籍のあるBに相続が発生した場合、Bが海外に居住していても日本の法律が適用され、相続税が課税されます。

　つまり、C及びDが相続により取得した財産に対する相続税について、B、

C、Dの住所が海外に移ってから10年以内に相続が発生した場合には、財産の所在地にかかわらずすべての財産が日本の相続税の課税対象になります。また、Bが出国時に受けていた国外転出時課税の納税猶予に係る納付義務及び納税猶予期限を引き継ぐことになりますので、譲渡の際や納税猶予期限到来時には注意が必要です。

　一方、住所が海外に移ってから10年を超えて相続が発生した場合には、所在地が日本国内と判定される財産のみに相続税が課されます（ただし、国外転出時課税制度の納税猶予期間が満了するため、納税を猶予されていた所得税及び利子税を納付しなければなりません）。

　海外に所在する相続財産については、所在地国における遺産分割、名義変更手続きが複雑になるケースがあります。国によっては、財産の種類ごとにどの国の法律が適用されるのか異なるケースがあり、日本の法律に則った遺産分割手続きを行っても認められず、現地法令に則った処理を求められることがあります。気が進まないと思いますが、相続の際に相続人が困らないように予めどのような手続きが必要になるかを調べて、万が一に備えて準備をしておくことが有用です。

7 遺言書の種類と作成

相談内容

　私Kは30歳で人材派遣会社のC社を起業し、妻Rとともに事業を拡大してきました。40歳になった今は妻と子供2人（子供は2人とも小学生）という家族構成です。今後上場するつもりもないので、2人目の子供が生まれたときに無議決権株式を導入し、その無議決権株式を2人の子供に贈与しています。私は健康ですが、万が一、自分の身に何かあった時のためにも遺言書を書いておこうと考えていますが、遺言書にはどのような種類があり、どのように書いたらよいでしょうか。

　なお、現段階における私の希望は、私が持っている普通株式を妻に相続してほしいということだけです。C社は社歴も浅いため社内に会社を任せられるほどの人材が育っていないので、役員や取引先、メインバンク等と相談して、M&Aにより株式を他社へ売却したうえで事業を継続してほしいと願っています。

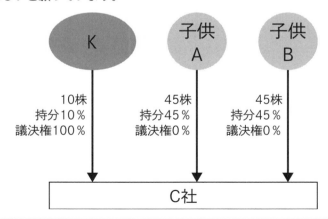

（1）相続発生時に未成年の相続人がいて、その親と未成年者に利益相反が生じる場合には特別代理人を家庭裁判所に選任してもらわなければなりませんが（民法826、830）、遺言書があり、遺産分割協議を行う必要がなければその必要はありません。

（2）現段階での遺言書として自筆証書遺言を作成し、法務局の保管制度を利用することをお勧めします。

（3）弁護士等の法律の専門家の指導の下、間違いのない遺言書を作成する必要があります。

解説

　今回のケースで、遺言書を作成する最大の理由は、相続時の手続きをスピーディーに行うことにあります。仮に、子供が未成年のうちに相続が発生し、遺言書がない場合は、家庭裁判所において子供2人の代理人を選定してもらい、その代理人と妻とで財産の分割協議を行うことになります。

　このような手続きを踏んでいると、社長がいなくなった会社で株主が決まらない状態が何ヶ月も続く可能性があります。そこで遺言書が必要となるわけです。

① 遺言書について

　遺言については、以下の3種類があります。いずれについても、法律によって厳格に様式が定められており、それに従わない遺言書はすべて無効となります。もちろんビデオ録画等によるものも遺言としての法的効力はありません。

（1）自筆証書遺言（民法968条）

　自分1人で作れるため内容を秘密にでき、しかも簡単で費用がほとんどか

かりません。遺言内容全文・日付・氏名を手書きし、署名の下に押印することにより作成します。ただし、2019年1月13日より財産目録については、パソコンでの作成や通帳のコピーの添付も認められるようになりました（各ページに署名・押印が必要です）。

　また、今まで自筆証書遺言書は本人、相続人、弁護士等が保管していましたが、紛失や隠匿というリスクがありました。

　そこで、2020年7月より法務局による自筆証書遺言書の保管制度が始まりました。この保管制度のメリットは主に以下の通りです。

● 遺言書の外形的なチェックが受けられる（内容の相談はできません。また遺言書の有効性を保証するものでもありません）。
● 遺言書は長期間適正に保管されるので、遺言書の紛失や破棄、隠匿等の防止になる。
● 相続開始後の家庭裁判所の検認が不要となる。
● コストが安い（申請費用：1件3,900円）。

（2）公正証書遺言（民法969条）

　法律の専門家である公証人と証人2名以上が立ち会って行う遺言で、公証人は遺言者の遺言能力や遺言の内容の有効性について助言を行い、遺言者の意向に沿った遺言書を作成します。公正証書遺言のメリットは遺言が無効になるリスクが低いため、相続人間での争いが予想される場合には特に有効です。ただし、財産額に応じた手数料が発生しますので、事前に確認が必要です。

（3）秘密証書遺言（民法970条）

　その名の通り遺言書の内容を秘密にするため、遺言者が遺言の内容を記載した書面に署名・押印をし、この遺言書を封筒に入れた上、公証人及び証人2名以上により遺言書が入っていることを公正証書の手続きで証明する方法です。実際の相続の際には家庭裁判所の検認が必要であり、また原本

の紛失のリスクもあるため実務上はあまり見られません。

② 遺言書の内容

　ご相談の場合は具体的な財産・負債が不明ですが、妻にC社株式が確実に相続でき、遺産分割協議の余地がなければ子供に代理人を選定しなくてよいため、シンプルに以下のような内容で自筆証書遺言を作成してはいかがでしょうか。

1．株式
　株式会社C社（住所：東京都○○区○○）

　上記については、相続開始時における所有株式全株を妻R（住所：東京都○○区○○）に相続させる。
2．1以外の金融資産
　上記1記載以外の金融資産については、下記の者に下記割合をもって相続させる。
　　　2分の1　妻R
　　　4分の1　長女○○
　　　4分の1　長男○○
3．その他資産
　上記1及び2記載以外の財産及び負債等の一切の遺産については、妻Rに相続させる。

③ 結論

　ご相談の遺言は紛争の回避というよりは、K氏のもしもの時の相続をスピーディーに行い、従業員・取引先に心配をかけないよう事業の継続を確

実にするためのものです。遺言書の内容やその意味については、妻R氏と共有しておくべきでしょう。ただし、この遺言書では妻に普通株式を相続させますが、10年、20年後であれば子供に相続させる可能性や幹部社員に経営を任せるという選択肢も考えられます。

　したがって、時の経過に伴う事業・家族構成の変化に応じて、遺言書を書き換える必要があります。数年に1度は具体的に遺言書の内容を検討することが必要でしょう。

8 「事業承継ガイドライン」の 改訂と活用

相談内容

　私はA社の創業社長です。今年60歳になるのでそろそろ事業の承継について考えたいと思っていますが、何から始めればよいのかわかりません。知り合いから最近改訂された中小企業庁の「事業承継ガイドライン」を一度読んでみることを勧められましたが、どういった内容の資料なのでしょうか。教えてください。

解決へのヒント

　「事業承継ガイドライン」とは、中小企業・小規模事業者の経営者に事業承継の課題を知らせることを目的として中小企業庁が策定したガイドラインです。

　中小企業の事業承継を取り巻く現状、親族内承継・従業員承継・M&Aのパターン別に、取り組むべき事柄や手法が具体的な事例も交えて紹介されています。

　経営者だけでなく士業等の支援機関にも活用されることを想定し、実務的で詳細な内容が盛り込まれていますので、事業承継を考え始める際に気になる箇所を読んでみることをお勧めします。

① 「事業承継ガイドライン」の改訂内容

（１）改訂の背景

　中小企業は、日本の企業数の約99％、従業員数の約69％を占め、地域経済・社会を支える存在です。その中小企業の円滑な事業承継は日本経済にとって極めて重要な課題であるため、中小企業庁は、関係士業団体や中小企業関係団体とともに、「事業承継協議会」を設立し、中小企業の事業承継円滑化に向けた総合的な検討を行い、その手引きとして2006年に「事業承継ガイドライン」が策定されました。

　その後、親族外後継者の増加、経営承継円滑化法の施行など、中小企業の事業承継を取り巻く環境に変化が現れました。経営者の高齢化が進む中、早期に計画的な事業承継への取組みを促進することを目的として、2016年に次の3点を中心とした現在の基本構成に改訂されました。

● 事業承継に向けた早期取組の重要性（事業承継診断の実施）
● 事業承継に向けて踏むべき5つのステップ
● 地域における事業承継支援体制の強化の必要性

　2016年の改訂から約5年が経過し、新型コロナウイルス感染症の影響等による厳しい経営環境の中で事業承継が後回しにされる傾向もあり、経営者の高齢化はさらに進み、早期の事業承継対策は喫緊の課題となっています。こうした状況を踏まえて、前回改訂時以降に生じた変化や新たに認識された課題と対応策を反映して2022年3月に「事業承継ガイドライン（第3版）」が公表されました。

【参考】　中小企業庁ホームページ
　「事業承継ガイドライン（第3版）」

（2）改訂のポイント

①掲載データを最新のものに更新

　　各種掲載データが更新されています。また、地域や業種等による後継者不在率など新たなデータも掲載されています。

②新設・拡充された施策など最新の実務慣行を反映

　　法人版・個人版事業承継税制の特例措置、所在不明株主に関する会社法の特例、株式併合の手法などの詳細な説明が追加されています。

③従業員への承継やM&Aについての説明を充実

　　従業員承継について、後継者の選定・育成プロセスの内容が調査データや事例も交えて充実されています。M&Aについても、2020年3月に中小企業庁が策定した「中小M&Aガイドライン」の内容を反映し、充実されています。

④後継者目線に立った説明を充実

　　事業承継の実施時期、承継に向けた経営計画、承継後の企業の成長など、後継者に対する調査結果を踏まえ、後継者目線での説明が加えられています。

② 「事業承継ガイドライン（第3版）」の概要

　「事業承継ガイドライン（第3版）」は、以下のような構成となっています。

第1章　事業承継の重要性

　中小企業の事業承継を取り巻く現状、経営者の高齢化、後継者難による黒字廃業などの問題が各種データにより解説されています。これらの問題を踏まえ、円滑な事業承継実現のためには、早期に事業承継の計画を立て、準備することが不可欠であり、後継者への移行期間を考えると経営者が60歳を迎える頃には支援機関に相談して準備に着手することが望ましいとされています。

第2章　事業承継に向けた準備の進め方

　事業承継に向けた準備として、踏むべき次の5つのステップが事例を交えて紹介されています。

> ステップ1：事業承継に向けた準備の必要性の認識
> ステップ2：経営状況・経営課題等の把握(見える化)
> ステップ3：事業承継に向けた経営改善(磨き上げ)
> ステップ4－1：事業承継計画の策定(親族内・従業員への引継ぎ)
> ステップ4－2：事業承継計画の策定(M&A)
> ステップ5：事業承継・M&Aの実行

　また、事業承継後の成長・発展の具体例、やむなく廃業を選択する場合の対応などについても記載されています。

第3章　事業承継の類型ごとの課題と対応策

　親族内承継、従業員承継、M&Aの類型ごとの課題と対応策、留意点が紹介されています。後継者教育の具体例や事業承継にまつわる税法、民法、会社法の説明も記載されており、対処すべき課題を把握することができます。

第4章　事業承継の円滑化に資する手法

　種類株式、信託、生命保険、持株会社の活用方法について各スキームのメリットや事例が紹介されています。事業承継の具体的手法を検討する際に参考になります。

第5章　個人事業主の事業承継

　個人事業主の事業承継の場合には、形式的には「開業届」「廃業届」を提出します。個人が所有している事業用資産は、個々に後継者へ承継する必要があり、税負担への対応が重要になることや、後継者不在の場合に後継者人材バンクを活用した事例などが紹介されています。

第6章　中小企業の事業承継をサポートする仕組み

全都道府県に商工会・商工会議所、金融機関等の支援機関から構成される事業承継ネットワークが構築されており、国が設置する事業承継・引継ぎ支援センターでは事業承継計画の策定支援や支援機関の紹介、M&A支援などを行っていることが紹介され、さらに事業承継の各サポート機関の連絡先なども紹介されています。

③　具体的な活用方法

事業承継について考える際には、まずは顧問税理士への相談をお勧めします。相談を受けた顧問税理士は経営者に真摯に向き合い、対応することが求められるでしょう。例えば、次の2つの質問を経営者に持ちかけるだけで今後の方向性が定まるのではないでしょうか。

①株式を誰に承継させたいか

②財産を誰にどのように相続させたいか

株式の承継者が子供であれば、**事業承継ガイドライン54頁**を、従業員であれば88頁を、承継者がいないとなれば98頁を見れば、いくつかの手法や留意点等が記載されています。これらを参考に顧問税理士は経営者へスキームを提案できるはずです。

また、財産の承継を考える際には相続税などの税負担に対する事前準備が重要です。61頁以降の事業承継に際して知っておくべき基本的な税制を確認して、どの手法を採用するかについて経営者は顧問税理士と相談しておく必要があります。

承継先が決まれば、**事業承継ガイドライン31頁**以降の5ステップを確認します。具体的な事業計画の策定には135頁のシートが活用できます。

事業承継の計画・実行の際には、必要に応じて金融機関や弁護士等の専門家と連携すればよいでしょう。どこに依頼すればよいのかわからない場合には、125頁以降に事業承継サポート機関の連絡先が掲載されています

ので、参考としてください。

 結論

　「事業承継ガイドライン」は事業承継への取組み方が具体的にまとめられているので、まず事業承継を考える手始めに一読されることをお勧めします。今回の改訂では、2016年の改訂から基本的な構成に変更はありませんが、掲載データが更新され、新たな制度に関する記載内容なども充実しています。

　円滑な事業承継のためには、早期に準備に取り組むことが重要です。ガイドラインでは60歳を目安とし承継対策に着手することを推奨しています。早めに顧問税理士等の専門家や事業承継支援機関に相談のうえ、事業承継プランを立てることをお勧めします。

9 相続時精算課税の留意事項

相談内容

　当社（A社）は私（X）が創業し、これまで会社の業績は堅調に推移してきました。

　しかしながら、最近の輸送コスト上昇等による仕入価格高騰により業績が悪化し、前期は創業以来の最大の赤字となり、資金繰りにも頭を悩ませています。

　一方で、私は60歳を迎えたことから、息子Y（A社取締役）への事業承継について検討を始めており、私が所有する本社工場の土地（A社へ賃貸借）についてもA社株式とまとめて息子Yへ贈与したいと考えています。

　経営環境が悪化する前は、当社の純資産は大きく、毎期利益も計上できていたため、株価が高い状態でしたが、前期は赤字決算であったため株価は従来よりも大きく下がりそうです。なお、業績悪化に対しては抜本的な解決策が見つかっており、来期はV字回復する見込みです。

　そこで、株価の低いこのタイミングで相続時精算課税制度を利用して、息子YへA社株式を贈与したいと思っています。相続時精算課税を適用する際に留意すべき点を教えてください。

解決へのヒント

（1）「相続時精算課税」を選択すると、「暦年課税」へ変更することはできません。

（2）「相続時精算課税」の選択後は、年間110万円以下の少額贈与であっ

ても記録・管理・申告する必要があります。

〈**令和5年度税制改正の影響**〉

　「相続時精算課税」の基礎控除(110万円)が創設され、基礎控除の控除後に贈与税の課税価格がある場合に申告が必要となり、相続税の課税価格に加算される贈与財産の価額は、基礎控除後の残額とされました。（令和6年1月1日以後に贈与により取得する財産に係る相続税又は贈与税について適用）。

（３）「相続時精算課税」を利用し贈与した場合、贈与時の価格を合算し相続税を算定します。

〈**令和5年度税制改正の影響**〉

　一定の土地又は建物が特定贈与者の相続税申告期限までの間に災害によって一定の被害を受けた場合、当該土地又は建物の価額は、災害によって被害を受けた額を控除した残額とされました（令和6年1月1日以後に生ずる災害により被害を受ける場合について適用）。

（４）土地の贈与については、小規模宅地等の特例の適用ができません。

解説

① 暦年課税贈与と相続時精算課税贈与の比較

	暦年課税	相続時精算課税
贈与者 受贈者	贈与（民法549）及びみなし贈与の当事者（親族関係や年齢制限はない）	贈与（民法549）及びみなし贈与の当事者で下記の要件を満たす者 贈与者：60歳以上の父母又は祖父母 受贈者：18歳以上の者のうち、贈与者の直系卑属（子や孫）である推定相続人又は孫

届出	不要	必要
相続時合算	相続開始前3年以内に贈与によって取得した財産があるとき	相続時精算課税により、贈与者から贈与により取得した財産のすべて
上記場合での課税価格	贈与時の時価	
税率	10%〜55%の超過累進税率	一律20%
基礎控除	110万円 (毎年の限度額)	2,500万円 (総額:2,500万円まで複数回使用可)
還付制度	還付制度はない	還付制度がある (相続税額を超えて納付している場合、相続時精算課税による贈与税は還付される)

〈令和5年度税制改正の影響〉

	暦年課税	相続時精算課税
贈与者受贈者	贈与 (民法549) 及びみなし贈与の当事者 (親族関係や年齢制限はない)	贈与 (民法549) 及びみなし贈与の当事者で下記の要件を満たす者 贈与者:60歳以上の父母又は祖父母 受贈者:18歳以上の者のうち、贈与者の直系卑属 (子や孫) である推定相続人又は孫
届出	不要	必要
相続時合算	相続開始前7年以内に贈与によって取得した財産があるときは、贈与により取得した財産のすべて (相続の開始前3年以内に贈与により取得した財産以外の財産は、100万円を控除した残額) ※令和12年までは一定の経過措置あり	相続時精算課税により、贈与者から贈与により取得した財産のすべて ただし、各年の基礎控除 (110万円) を控除した後の残額
上記場合での課税価格	贈与時の時価 (土地などが災害によって被害を受けた場合の特例あり)	
税率	10%〜55%の超過累進税率	一律20%

基礎控除	110万円（毎年の限度額）	・110万円（毎年の限度額） ・2,500万円（総額：2,500万円まで複数回使用可）
還付制度	還付制度はない	還付制度がある（相続税額を超えて納付している場合、相続時精算課税による贈与税は還付される）

② 相続時精算課税の適用手続き

「相続時精算課税」を選択しようとする受贈者（息子Y）は、贈与を受けた年の翌年2月1日から3月15日までの間に納税地の所轄税務署長に対して「相続時精算課税選択届出書」を受贈者（息子Y）の戸籍の謄本などの一定の書類とともに贈与税の申告書に添付して提出する必要があります（相法21の9②、相令5）。

③ 相続時精算課税適用後の取り扱い

（1）「暦年課税」への変更不可

贈与者（X）から受贈者（息子Y）への贈与について、「相続時精算課税」を選択すると、その選択をした年分以降の贈与すべてに「相続時精算課税」が適用され、「暦年課税」へ変更することはできません。したがって、贈与者（X）から受贈者（息子Y）へ、「暦年課税」で非課税とされる年110万円以下の少額贈与の適用を受けることができなくなります（相法21の9⑥）。

〈令和5年度税制改正の影響〉

「相続時精算課税」の基礎控除（110万円）が創設されたため、贈与者（X）から受贈者（息子Y）への年110万以下の少額贈与についても「相続時精算課税」の基礎控除（110万円）により非課税となります。

（2）少額贈与の記録管理等

「相続時精算課税」では、贈与財産の多寡にかかわらず、適用後は「暦年贈与」で非課税とされる年110万円以下の少額贈与^(※)であってもすべて管理・記録し贈与税の申告を行うこととされ、相続税の計算に取り込む必要があります（相法21の10）。

(※)「暦年贈与」についても、相続開始前3年内の贈与（年110万円以下の少額贈与含む）は相続税の計算に取り込む必要があります。

〈令和5年度税制改正の影響〉

「相続時精算課税」の基礎控除（110万円）が創設され、基礎控除の控除後に贈与税の課税価格がある場合に申告が必要となり、相続税の課税価格に加算される贈与財産の価額は、基礎控除後の残額とされました。また、「暦年贈与」については相続開始前7年（一定の経過措置あり）内の贈与は相続税の計算に取り込むことになりました（相続の開始前3年以内に贈与により取得した財産以外の財産は、100万円を控除した残額）。

● 4 贈与財産の価額が変動した場合

「相続時精算課税」によりA社株式を贈与した場合は、贈与時点で株価を固定することになるため、贈与者Xの相続開始時までにA社株価がさらに下落した場合であっても、贈与時のA社株価で相続税を算定することになります。そのため相続時のA社株価が贈与時より下落していた場合であっても、贈与時の高い株価で相続税の計算をすることになります（相法21の16③）。

一方で、相続時のA社株価が上昇していた場合であっても、贈与時の低い株価で相続税を計算することになりますので、「相続時精算課税」の選択により、そうでない場合に比べ相続税を軽減できることになります（相法21の16③）。

業績を向上させてA社株価が上昇することにより、後継者Yは実質的に相続税を節税できることになるため、後継者Yにとっては経営意欲を向上させる1つの要因になるとも考えられます。

⑤ 贈与財産（土地）に対する小規模宅地等の特例の適用

相続財産（土地）が一定の要件を満たす事業用宅地等である場合には、相続税の申告に際して小規模宅地等の特例の適用が可能ですが、X所有の本社工場の土地について「相続時精算課税」によりYへ贈与した場合、贈与時のみならず相続時（精算時）においても小規模宅地等の特例は適用できないとされています（措法69の4①）。

⑥ 結論

「相続時精算課税」によりA社株式を贈与した場合、A社業績の来期V字回復により、今後の株価上昇が見込まれますので、上記の通り「相続時精算課税」を選択することによる利益を享受できる可能性があります。また、「相続時精算課税」の贈与税率は20％のため、株価次第ではありますが贈与時の納税資金を抑えられる余地があります（「暦年課税」の贈与税率は10％〜55％の超過累進税率）。

一方、本社工場の土地を贈与した場合、小規模宅地等の特例を利用することができないデメリットが生じます。しかし、Xは60歳と若いため、土地を贈与することでその後に生じる不動産所得を息子Yへ移転することができるので、息子Yへの所得移転による相続税軽減効果が期待できます。小規模宅地等の特例が適用できないことの税額デメリットと、息子Yへの所得移転による相続税軽減効果を、総合的に勘案しシミュレーションを行う必要があります。なお、昨今の税制改正大綱では「相続税・贈与税のあり方」を見直すべきとの動きがあるので、今後の税制改正の動向にも留意が必要です。

〈令和5年度税制改正の影響〉

相続時精算課税制度の見直し（少額の贈与の申告不要化）及び暦年課税制度の生前贈与の加算期間の見直しが行われました。

遺言書の効力と遺産分割協議、遺留分における留意点

相談内容

　私はX社（製造業）の社長で、X社を30歳で起業し、X社の事業の拡大に努めてきました。5年前に、長男を後継者として指名し、X社のすべての株式を相続時精算課税制度を活用して贈与するとともに、社長を長男に譲りました。現在は、相談役として社長である長男のサポートを行っています。

　私も70歳になったため、所有している財産の承継を考えており、遺言書の作成を検討しています。遺産分割にあたって、遺言書の作成の有無などにより、どのように遺産分割へ影響するか懸念しているのですが、留意事項がありましたらご教示ください。

　私の親族関係、財産の内容は次の通りです。

相続人　長男・長女の2名

財産
- 自宅（土地・建物）：100,000千円
- 現金預金：100,000千円
- 計：200,000千円
- この他、過去に長男へX社株式を100,000千円（現在の価値200,000千円）で贈与しています。

（1）遺言書により特定の相続人に承継させることを定めた財産は、原則として遺産分割協議の対象外とされています。

（2）仮に、遺言書がない場合には、相続人間の協議により遺産分割を行いますが、相続人間で遺産分割協議が成立しない時は、家庭裁判所へ遺産分割の調停を求めることができます。この調停では、相続人への特別受益を考慮して、相続人間の公平な遺産分割のため、相続人ごとに具体的相続分を定めることになります。この場合、過去に特別受益がある相続人の具体的相続分からは、過去の特別受益に相当する額が控除されることになります。そのため、特定の相続人へ財産を承継させたい場合には、覚書などで贈与財産の特別受益の持戻し免除の意思を明確にしておくことで、特定の相続人の具体的相続分の減少を防ぐことができます。

（3）相続人は、遺産分割が成立した場合においても、実際に相続した財産の額が、遺留分の額を下回るときは、裁判所へ遺留分侵害額請求をすることが可能です。そのため、遺言書を作成する場合においても、遺留分に配慮して記載することをお勧めします。

解説

1 遺言書の有無による各人の相続財産への影響

　過去に長男への多額の生前贈与（特別受益）があることを考慮すると、遺言書の有無や特別受益の持戻し免除の有無により、相続人間で相続する財産の額が変わる可能性があります。

　仮に、遺言書により、長男へ自宅（土地・建物）、長女へ現金預金を相続させると定めた場合には、長男・長女の相続財産や相続税額は、次の通りとなります。

	遺言書があり、かつ、特別 受益の持戻し免除がある場合		遺言書がなく、かつ、特別 受益の持戻し免除がない場合	
	長男	長女^(※1)	長男^(※3)	長女
相続財産	100,000	100,000	0	200,000
相続時精算課税 財産	100,000	―	100,000	―
計	200,000	100,000	100,000	200,000
相続税の総額	69,200		69,200	
各人の算出税額	46,133	23,067	23,067	46,133

(※1) 遺留分侵害額の判定
- 遺留分算定の基礎となる財産：
  200,000千円（相続財産）＋200,000千円（生前贈与財産^(※2)）＝400,000千円
- 遺留分額：400,000千円×1/4（1/2×1/2）＝100,000千円
- 遺留分侵害額：100,000千円−100,000千円（長女の相続財産）＝0円
  → 遺留分の侵害なし

(※2) 生前贈与財産は、原則として相続開始前10年間にされた贈与で特別受益に該当する
ものに限ります（例外については後記 **3** の（※5）をご参照ください）。

(※3) 長男の具体的相続分
- みなし相続財産：
  （200,000千円（相続財産）＋200,000千円（贈与財産））×1/2＝200,000千円
- 長男の具体的相続分：200,000千円−200,000千円（特別受益の持戻し^(※4)）＝0円

(※4) 長男が過去に贈与により取得した財産は、特別受益として相続開始時の価額により
持戻しがされます。

② 遺産分割・特別受益・持戻し免除について

　相続財産は、遺言書がある場合には、遺言書に基づいて相続人又は受
遺者に承継されます。そのため、遺言書により特定の相続人に承継させるこ
とを定めた財産は、原則として遺産分割協議の対象外とされています。ただ
し、そうした財産であっても、相続人全員の同意があれば、遺言書の定め
によらず、相続人間の協議により遺産分割の対象とすることも可能です。

相続人間の協議により遺産分割が成立しない場合には、家庭裁判所へ遺産分割の調停を求めることができます。この調停では、共同相続人間の公平を図るため、次の通り、みなし相続財産を算出し、各相続人の具体的な相続分を算出します(民法903①)。

● みなし相続財産＝相続財産の価額＋生前贈与の価額(特別受益の額)
● 各相続人の具体的相続分＝みなし相続財産×法定相続分の割合－生前贈与の価額(特別受益の額)

　なお、この生前贈与は、特別受益として婚姻もしくは養子縁組のためもしくは生計の資本としての贈与に該当するものに限られます。また、その価額は、生前贈与財産が相続開始時においてなお原状のままであるものとみなした価額になります(民法904)。つまり、相続開始時点の価額になります。

　また、みなし相続財産の計算には、過去の生前贈与(特別受益)を相続財産に足し戻す(持ち戻す)こととされていますが、被相続人の意思により、持ち戻すことを免除することも可能です(民法903③)。この持戻し免除の制度は、特定の相続人に多くの財産を残してあげたいという被相続人の意思を尊重するという趣旨によります。

　持戻し免除の意思表示は上記の通り各相続人の具体的相続分の算出において適用されますが、遺留分の算出においては、持戻し免除の意思表示は考慮されません。

③ 遺留分制度について

　遺留分制度は、被相続人の有していた相続財産について、一定の相続人に一定割合を承継することを保障する制度です(民法1042 ～ 1049)。なお、遺言書があった場合においても、相続人から遺留分の権利を奪うことはできません。

（1）遺留分権利者

兄弟姉妹以外の法定相続人(配偶者、子又は子の代襲相続人、直系尊属)

（2）遺留分の割合
①総体的遺留分

相続人	割合
相続人が直系尊属のみである場合	相続財産の3分の1
上記以外	相続財産の2分の1

②個別的遺留分

相続人ごとに、上記①**総体的遺留分**の割合に法定相続分を乗じた割合

（3）遺留分侵害額の算定方法

遺留分侵害額＝(相続財産＋生前贈与財産^(※5)－債務)×その者の個別的遺留分

－その者が受けた特別受益財産の価額^(※6)

－その者が遺産分割により取得すべき財産の価額

＋その者が負担すべき相続債務分担額

(※5) 具体的には、例えば次のような贈与が含まれます。
- 相続人以外の第三者に対し、相続開始前1年間にされた贈与
- 相続人に対し、相続開始前10年間にされた贈与 (特別受益に当たるものに限る)
  ※ただし、贈与の双方の当事者が他の相続人に損害を加えることを知って贈与をされた場合には、1年間・10年間にそれぞれ限定されません。

(※6) 特別受益 (生前贈与) の価額は、生前贈与財産が相続開始時においてなお原状のままであるものとみなした価額になります (民法904)。

④ 結論

　ご相談の事例では、長男に承継される相続財産は、遺言書の有無によって大きく変わります。事業の承継者である長男へ特定の財産を承継させたい場合には、遺言書の作成や特別受益の持戻し免除の意思表示をするとともに、生前に長男・長女へ財産承継の趣旨を伝え、長男・長女の理解を得ておくことが重要です。

相続税の税務調査の流れと最近の動向

相談内容

　私は父が設立したX社の社長のAです。昨年、父が急逝し、相続人である母、妹、私が父の財産債務を相続しました。X社のことについては私が把握していましたが、父が生前に所有していた個人財産については、内容や所在、取得や売却の状況など詳しいことは誰も知らされていなかったため、残された通帳や契約書などの書類から推測して財産債務を特定し、税理士に依頼してなんとか相続税の申告を期限内に行い、相続税を納付しました。

　しかし、把握できていない財産債務があるかもしれず、税理士から相続税の税務調査の可能性もあると聞き心配しています。最近の相続税の税務調査の動向と、実際の税務調査はどのようにして行われるかについて教えてください。

解決へのヒント

（1）相続税の税務調査には実際に税務職員が訪問して行う実地調査と、文書や電話などで申告漏れや計算誤りを指摘する簡易な接触による方法があります。

（2）被相続人の財産の状況や、過去の預貯金の入出金の状況などは税務当局によって確認されますので、申告漏れの財産があれば、税務調査で指摘される可能性があります。相続税の申告を行う際には、調査されることを前提として、過去の贈与や預貯金の動きを確認し、適切に

申告しておくことが重要です。

（3）相続税申告の根拠とした証票書類や残高証明書などは適切に保管し、税務調査の際に提出できるように準備しておきます。

（4）税務調査では財産債務調書や国外財産調書の記載内容も確認され、申告漏れがあった場合の軽減措置や加重措置が設けられているため、毎年の調書の提出は適切に行っておくべきです。

1 相続税の税務調査の動向

（1）調査の状況

相続税の税務調査には実際に税務職員が相続人の自宅等を訪問して行う実地調査と、文書や電話などで申告漏れや計算誤りを指摘するなどの簡易な接触による調査があります。

国税庁から発表されている「令和2事務年度における相続税の調査等の状況」によると、令和2年度においては新型コロナウイルス感染症の影響により実地調査件数は大幅に減少していますが、簡易な接触による調査が増加しており、両方を合わせると18,740件（うち無申告事案に対する実地調査462件）の調査が実施されています。

相続税の税務調査は申告書を提出してから1〜2年後に行われることが多いため、平成30年分の相続税の申告件数149,481件（国税庁「平成30年分における相続税の申告事績の概要」より）との割合で考えると、申告書を提出すると1割以上の確率で調査が実施されることになります。

また、令和2年度では相続税の実地調査のうち87％で申告漏れ等が見つかっており、そのうち16％が重加算税の対象とされています。実地調査が行われた場合には、高い確率で申告漏れ等が指摘されていることがわかります。

〈相続税の実地調査事績〉

項目		事務年度等	令和元 事務年度	令和2 事務年度	対前事務年度比
①		実地調査件数	件 10,635	件 5,106	% 48.0
②		申告漏れ等の非違件数	件 9,072	件 4,475	% 49.3
③		非違割合 (②／①)	% 85.3	% 87.6	ポイント 2.3
④		重加算税賦課件数	件 1,541	件 719	% 46.7
⑤		重加算税賦課割合 (④／②)	% 17.0	% 16.1	ポイント ▲0.9
⑥		申告漏れ課税価格	億円 3,048	億円 1,785	% 58.6
⑦		⑥のうち重加算税賦課対象	億円 572	億円 319	% 55.9
⑧	追徴税額	本税	億円 587	億円 416	% 70.9
⑨		加算税	億円 95	億円 66	% 69.2
⑩		合計	億円 681	億円 482	% 70.7
⑪	実地調査1件当たり	申告漏れ課税価格 (⑥／①)	万円 2,866	万円 3,496	% 122.0
⑫		追徴税額 (⑩／①)	万円 641	万円 943	% 147.3

出典：国税庁「令和2事務年度における相続税の調査等の状況」(令和3年12月)

〈相続税の簡易な接触の事績〉

項目		事務年度等	令和元 事務年度	令和2 事務年度	対前事務年度比
①		簡易な接触件数	件 8,632	件 13,634	% 157.9
②		申告漏れ等の非違件数	件 2,282	件 3,133	% 137.3
③		申告漏れ課税価格	億円 427	億円 560	% 131.1
④	追徴税額	本税	億円 40	億円 62	% 155.5
⑤		加算税	億円 2	億円 3	% 140.8
⑥		合計	億円 42	億円 65	% 154.8
⑦	簡易な接触1件当たり	申告漏れ課税価格 (③／①)	万円 494	万円 410	% 83.0
⑧		追徴税額 (⑥／①)	万円 48	万円 47	% 98.0

出典：国税庁「令和2事務年度における相続税の調査等の状況」(令和3年12月)

（2）実地調査の選定

　実地調査は、件数は減少しているものの、課税価格が高額な富裕層や海外資産を多額に保有しているケース、悪質な不正が見込まれる事案に対して優先的に行われているようです。

①富裕層 PT

　全国の国税局には富裕層プロジェクトチームが設置されており、管理が強化されているため、富裕層に対しては相続税の調査が行われる可能性が高くなります。

②海外資産

　租税条約等に基づく情報交換制度や共通報告基準(CRS：Common Repor

ting Standard)に基づく非居住者金融口座情報などを活用して、税務当局は海外取引や海外資産の保有状況を収集しています。海外資産の場合、相続人が存在を把握していないことが多く、申告漏れになるケースがあります。

A氏の場合、悪質とはいえませんが、相続財産の把握が十分でないことから、申告漏れとなっている財産があれば、実地調査先として選定される可能性があります。

❷ 税務調査の流れ

（ 1 ）税務調査の連絡

通常の実地調査の場合、事前に調査の電話連絡があります。税理士に税務調査の立会を依頼する場合、税務代理権限証書に調査の通知を税理士に対して行うことの同意を記載して提出しておけば、まずは税理士に連絡があり、A氏や他の相続人に直接連絡が行われることはありません。連絡を受けて、日程や調査実施場所を調整したうえで調査が行われます。^(※)

調査場所は被相続人の生前の自宅で行われるケースが多いですが、他の場所を指定することも可能です。悪質な不正申告による脱税が疑われ、裁判所の令状を得て行われる強制調査では、事前連絡なく実地調査が行われますが、大半の調査の場合には事前に通知されます。

（※）国税通則法第7章の2(国税の調査)等関係通達の制定について(法令解釈通達)8-1

（ 2 ）事前調査

税務当局は事前調査として、被相続人名義の金融資産・不動産の所有状況の履歴、生命保険金の加入有無などの情報を収集し、相続税申告書のほか過去の贈与税申告書、所得税申告書、財産債務調書、国外財産調書などの申告内容と齟齬がないかどうかを確認します。

預貯金や証券口座については、過去数年分及び相続開始後の入出金のデータを入手し、入出金の相手先を確認して申告漏れになっている財産や、

他人名義になっているものの実質的には被相続人のものと考えられる財産（名義財産）がないかどうか、申告されていない所得がないかなどを調査します。この場合、調査の対象となるのは被相続人名義の財産だけとは限らず、相続人や親族などの名義の財産についても確認されます。

　事前調査の結果、追徴の可能性がある先に対して税務調査が行われることになります。

（3）実地調査

　実地調査では、通常は2人以上の調査官が、事前に調整した日時・場所を訪れます。まずは世間話から始まり、被相続人の人物像を理解するために、生い立ち、家族関係、転居の履歴、財産管理の方法、仕事や趣味など生前の生活の様子の聞き取りが行われます。

　次に、事前調査した内容のうち、確認すべき事項についての質問や証拠資料の提出が求められます。通帳や印鑑の保管場所や不動産など財産の現物視察が行われることも多いです。相続財産債務の根拠とした請求書や領収書などの証票書類や、財産評価の計算根拠資料は申告書と共に保管し、すぐに提示できるように準備しておくとよいでしょう。

　相続税の税務調査では贈与税の調査も併せて行われます。過去の贈与と考えられる財産移転があった場合には、契約書や通帳コピーなど何年も前の資料を要求されることがあります。特に、名義財産の可能性については必ず確認されます。被相続人が子供や孫名義の預金口座に入金をして贈与したつもりでも、受けた側にその事実の認識が無く、被相続人が通帳と印鑑を管理していた場合などは贈与とは認められず、名義財産として相続税の課税対象になります。

〈**実地調査で主に確認されること**〉
　　・被相続人の人物像、生活の様子
　　・印鑑や通帳の保管場所など財産管理の方法

・申告内容の根拠となる原資料

・財産評価の具体的な計算根拠資料

・相続財産中の同族会社株式について、当該株式発行法人設立時の資料、取締役会議事録、株主総会議事録

・不動産など財産の現物視察

・名義財産の状況

（4）税務調査の終了

　税務調査の終了時には、原則として口頭で調査結果の内容説明が行われます。調査の結果、申告漏れや計上額の誤りなどがあった場合には、修正申告書を提出又は更正決定を受けることになります。修正申告等を行った場合には、増加した財産に対する相続税に加えて、延滞税と過少申告加算税(仮装隠蔽による場合は重加算税)が課されます。

　なお、相続発生前に被相続人に財産債務調書又は国外財産調書の提出義務があった場合には、これらの調書の記載によって、過少申告加算税の軽減又は加重措置が設けられています(国外送金等調書法6、6の3)。

③ 結論

　相続税の実地調査が行われる前には、税務当局は被相続人の財産状況について事前調査を行い、申告漏れになっている財産や他人名義の財産をある程度特定しています。相続人は税務調査で指摘されて初めてその財産の存在を知ることもあるかもしれません。相続財産を十分に把握できていないケースでは、税務調査によって財産の存在を教えてもらえると考えることもできます。

　親族などに対して贈与を行う場合には、受贈者に贈与を受けたことを認識してもらい、贈与財産は受贈者が管理し、贈与の証拠を残しておくことにより名義財産として取り扱われないように準備しておくことが必要です。

A氏の場合、被相続人が生前に個人財産について、妻や子供たちに詳しい内容や所在場所を説明していなかったため、相続財産の把握に大変苦労しました。相続人に迷惑をかけないためにも、所有財産の一覧を作成しておき、その保管場所を家族に伝えておくなど、相続に対する備えは早めに行っておくことが肝心です。

12 負担付贈与・負担付遺贈の課税関係

相談内容

　私 A（85歳）は賃貸用不動産を所有しています。妻には先立たれ子供は2人います。

　かねてより日常の身の回りの世話をしてくれる娘 B 夫婦には感謝していて、娘婿 C（法定相続人ではない）からは資産運用等についてアドバイスをもらっていますので、賃貸用不動産及びその不動産が担保となっている銀行借入金を娘婿へ承継したいと思っています。

　不動産を負担（銀行借入金）付きで承継する方法は、贈与契約による負担付贈与や遺言による負担付遺贈などがあると聞きましたが、両者について課税上の留意すべき点を教えてください。

　なお、対象の財産・債務の状況は次の通りです。

〇賃貸用不動産（土地・建物）

　・時価：100,000千円

　・相続税評価額：40,000千円

　・取得費：40,000千円

〇不動産が担保となっている銀行借入金

　・残債務：60,000千円

解決へのヒント

（1）資産税（相続税・贈与税・譲渡所得税）と流通税（登録免許税、不動産取得税）の課税関係に留意する必要があります。

（2）負担付遺贈については相続人（もしくは包括受遺者）か、そうでないかにより課税関係が異なります。

解説

1 　負担付贈与と負担付遺贈

　　負担付贈与とは、受贈者に一定の債務を負担させる贈与契約をいいます。負担付贈与については、その性質に反しない限り、双務契約（当事者の双方が相互に対価的な債務を負担する契約）に関する規定が準用され（民法553）、同時履行の抗弁権、危険負担、解除の適用があります。

　　負担付遺贈とは、受遺者に一定の債務を負担させる遺贈であり、負担付遺贈を受けた者は、受贈物の価額の範囲内において、負担した義務を履行する責任を負います（民法1002①）。

　　なお、負担付贈与・負担付遺贈いずれの場合も、債務引受けは債権者の同意なしにはできませんので、債権者との間では免責的債務引受けを行う必要があります。

2 　負担付贈与による場合

（1）贈与税

　　不動産等の負担付贈与を行った場合は、不動産の時価と負担額（銀行借入金等）の差額が贈与税の課税対象となります（相基通21の2−4、相法7）。

　　なお、負担付贈与における不動産等の評価額は、相続税評価額ではなく通常の取引価額である不動産等の時価によらなければなりません。^(※1)

(※1) 平成元年3月29日直評5直資2−204「負担付贈与又は対価を伴う取引により取得した土地等及び家屋等に係る評価並びに相続税法第7条及び第9条の規定の適用について」（法令解釈通達）の1

（２）譲渡所得税

　負担付贈与を行った場合、贈与者側では、贈与財産を受贈者に負担させる債務金額で譲渡したとみなして譲渡所得を認識します。

　贈与者は、受贈者の債務引受けによる債務消滅の経済的利益を不動産譲渡の対価として受贈者に譲渡したと考え、当該対価と取得費との差額に対して譲渡所得を認識し（所法36①②）、受贈者は当該負担額を受贈資産の取得価額とします。

　負担額が著しく低い価額^(※2)で、かつ負担額（不動産譲渡対価）が取得費よりも低い場合は、譲渡損が生じますが、この場合、譲渡損はないものとみなされ、受贈者は贈与者の取得価額及び取得日を承継します（所法59②、60①ニ）。

（※2）ここでいう「著しく低い価額」は、時価の2分の1未満をいいます（所法59②、所令169）。

（３）流通税

　流通税については、贈与による所有権の移転は、遺贈による場合と比較して不利となります。

	贈与	遺贈
登録免許税	固定資産税評価額の2%	固定資産税評価額の0.4% （法定相続人の場合）
不動産取得税	固定資産税評価額の4%	非課税 （法定相続人の場合）

③ 負担付遺贈による場合

（１）相続税

　相続人でない者が負担付遺贈により取得した財産の価額は、負担がないものとした場合における当該財産の価額（相続税評価額）から当該負担額（当該遺贈のあった時において確実と認められる金額に限る）を控除した価額によります（相

基通11の2-7）。受遺者の負担付遺贈による課税対象金額が債務超過となる場合、当該債務超過額を他の相続財産価額から控除することはできません。

　これは、相続人でない特定受遺者は相続人と同一の権利義務を有しないので（民法990）、遺贈を受けた財産の相続税評価額が負担相当額の控除限度となるためです。

　一方で、相続人に対して負担付遺贈を行う場合は、不動産等を相続税評価額で認識し、債務については他の相続財産価額から債務控除することが可能です。

　相続人は通常被相続人の権利義務を承継します（民法896）ので、被相続人の債務を相続又は遺贈により財産を取得した相続人（又は包括受遺者）が負担する限りにおいては債務控除が認められます（相法13、14）。

（2）譲渡所得税

　相続人でない者が、負担付遺贈により被相続人の債務を引き受け被相続人の債務が消滅した場合、当該経済的利益は被相続人が不動産等を譲渡した対価として認識され、取得費との差額に対して被相続人に譲渡所得が生じること等は（所法36①②）負担付贈与と同様です。

　一方で、相続人が負担付遺贈の受遺者である場合、相続人は債務を承継する立場であるため、被相続人の債務が消滅したという経済的利益を不動産の譲渡対価とは考えず譲渡所得は生じません。

 4　結論

　ご相談の場合、負担付贈与、負担付遺贈についてそれぞれ以下の通りの課税関係となります。

（1）AからC（もしくはB）に対して負担付贈与を行う場合

〔贈与税〕

　不動産の時価100,000千円を基礎に贈与税（100,000千円－債務60,000千円＝

40,000千円)の計算を行います。

〔譲渡所得税〕

　贈与者の債務消滅での経済的利益は、不動産等を譲渡した対価として認識し、取得費との差額(債務60,000千円－取得費40,000千円＝20,000千円)に対して贈与者に譲渡所得が生じます。

〔流通税〕

　固定資産税評価額に対して6％が課税され、遺贈による場合と比較して不利となります。

（２）AからCに対して負担付遺贈を行う場合

〔相続税〕

　不動産の相続税評価額40,000千円を基礎に相続税(40,000千円－債務60,000千円＝△20,000千円)の計算を行います。債務超過相当額20,000千円について、Cは相続人でないため、債務控除の適用ができず、他の相続財産価額から減額ができません。

〔譲渡所得税〕

　上述AからC（もしくはB）に対して負担付贈与を行う場合と同様ですが、遺贈のためAには準確定申告による課税が生じ、個人住民税は生じません。

〔流通税〕

　固定資産税評価額に対して0.4％が課税され、贈与による場合と比較して有利となります。

（３）Aから相続人のBに対して負担付遺贈を行う場合

〔相続税〕

　不動産の相続税評価額40,000千円を基礎に相続税の計算を行うことは、上記(２)同様ですが、債務60,000千円を債務控除とすることで債務超過相当額20,000千円について、他の相続財産価額から控除が可能です。

〔譲渡所得税〕

　相続人は債務承継する立場であるため、被相続人に譲渡所得税は生じません。

〔流通税〕

　上記（2）同様となります。

　以上より、「（3）Aから相続人のBに対して負担付遺贈を行う場合」が財産承継の税効率は最も良い結果となります。

　ただし実際には、負担付贈与と負担付遺贈では時期が異なるため、時価や借入金残額等が異なること、賃貸不動産の収益性が高くAの余命期間における多額のインカムゲインが相続財産を構成することを考慮すると、贈与を通じた財産移転が有利となる場合もあるため事例に応じた分析が必要です。

第2章

事業承継

 新しい事業承継税制と
今まで進めてきた
事業承継対策との関係

相談内容

　私は非上場会社 Y の創業者オーナーである代表取締役の A です。現在に至るまで自分の息子 B を後継者と決めて、顧問税理士の助言を受けながら事業承継対策を進めてきました。

　スキーム概要としては、私が1株のみの普通株式、B が無議決権株式99株という株主構成の持株会社 Z を設立し、その持株会社に私が持っている Y 社株式の80％を譲渡するというものです。

　ところで、平成30年度税制改正において事業承継税制が改正され、今後10年間は非課税で株式を後継者に贈与・相続することができると聞きました。現在進めている事業承継対策をこのまま進めた方がよいのか、改正された事業承継税制を適用した方がよいのか悩んでいます。

【今まで進めてきた事業承継対策の概要】

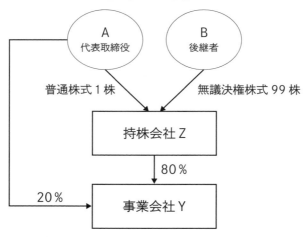

　今まで進めてきた事業承継対策と事業承継税制(以下、特例措置)を比較して、必ずしも特例措置にメリットがあるとは限りません。

　現状の事業承継対策と特例措置の適用要件や取消リスクを冷静に比較・検討を行う必要があります。

解説

特例措置の適用要件の判定

　事業会社Yの株式を20%しか所有していないA氏が、そもそも特例措置の対象になるのかどうかについて、Y社株式の贈与を前提として以下の通り判定します(措法70の7の5①、措令40の8の5①一)。

● A氏が特例措置の贈与者となるための要件(以下のすべてを満たす必要があります)

要件	判定	備考
A氏がY社の代表権を有していたか	○	
贈与の直前において、A氏(贈与者)及びA氏と特別の関係がある者の議決権合計が総議決権の50%を超えていること	○	A氏とZ社(特別の関係がある者)で、Y社を100%支配している
贈与の直前において、A氏の所有するY社株式が、贈与者(A氏)と特別の関係がある者(後継者であるB氏を除く)の中で最も多くの議決権を有していること	×	特別の関係がある者にはZ社が含まれるため、A氏【個人】が後継者を除いて筆頭株主ではない
A氏が贈与の時において、Y社の代表権を有していないこと	○	贈与時までに代表権を外せばよい

　このように、A氏【個人】がY社の筆頭株主(後継者を除く)でないため、特例措置によりY社株式を後継者であるB氏へ贈与することはできません。

早期に事業承継対策を進め、持株会社を使った対策を行った非上場会社については、A氏のような状況になっているケースが多いように思われます。

 検討

（1）A氏が特例措置の贈与者となるための要件

　A氏が特例措置の贈与者となるためには、A氏がY社の議決権の50％超を保有する必要があり、以下の2つの方法が考えられます。ただし、①②ともに、実行時においてA氏に資金負担が発生します。
①Z社からY社株式を買い戻す
②A氏がY社の第三者割当増資を引き受ける

（2）特例措置の取消リスク

　特例措置（正確には「非上場株式等に係る贈与税・相続税の納税猶予制度の特例」）は、その納税額が猶予されているだけで、免除されているのではありません。過大にリスクを強調するわけではありませんが、一定の事由が生じた場合は、猶予されていた税額に利子税をあわせて納付しなければなりません。
　贈与の場合、猶予された税額を納付しなければならない主な事由は以下の通りです（措法70の7の5③）。

納税猶予税額を納付する必要がある事由	特例経営贈与承継期間内	特例経営贈与承継期間の経過後
後継者が会社の代表権を有しなくなった場合（身体障害者手帳の交付を受けた場合等、やむを得ない理由がある場合を除く）	全額納付	猶予の継続
後継者と同族関係者の有する議決権割合が50％以下となった場合	全額納付	猶予の継続
特例措置の適用を受けた株式の一部を譲渡した場合（事業継続が困難な事由による譲渡等を除く）	全額納付	譲渡対応部分の納付

資産管理会社に該当した場合 （一定の要件を満たす会社を除く）	全額納付	全額納付
資本金又は準備金を減少した場合 （欠損填補等一部を除く）	全額納付	全額納付

　上の表における「特例経営贈与承継期間」とは、最初に特例措置の適用を受ける贈与に係る贈与税の申告期限の翌日から次のいずれか早い日までの期間をいいます（措法70の7の5②七）。

①最初の特例措置の適用を受ける贈与税の申告期限の翌日から5年を経過する日

②最初の特例措置の適用を受ける相続税の申告期限の翌日から5年を経過する日

③特例経営承継受贈者の死亡の日の前日

④特例贈与者の死亡の日の前日

（3）結論

　上記（1）（2）から考えると、今回の相談内容の場合、A氏は特例措置の適用を目指すのではなく、今まで進めてきた事業承継対策を進めることの方が、資金負担・リスクの面で有利だと考えます。

　現状では、A氏の所有するY社株式の残り20％をどうするか決めれば、Y社株式に係る承継は完了しますので、その対策に注力すべきでしょう。

配偶者が筆頭株主の場合の事業承継税制

相談内容

　私Ｔは、電気機器の設計・製造を営むＳ社を経営しています。Ｓ社は私の義父が創業した会社で、婿である私が経営を引き継いで20年になります。私も来年60歳になりますので、後継者である長男Ａへの事業承継を意識し始めたところなのですが、経営の承継だけでなく、妻Ｕの所有するＳ社株式についてもＡに承継する方法を考えるようにとメインバンクからアドバイスを受けました。

　Ｓ社の株式は、創業者の一人娘であるＵが相続し、相続から20年が経過した現在も大半の株式を保有しています。Ｕは経営には関与しておらず、Ｓ社の取締役にも就いていません。

　当社は業績が非常に好調なこともあって、Ｕの所有するＳ社株式の株価が非常に高額になっています。株価が高い会社にとって事業承継税制は非常に有効な対策であると顧問税理士から説明を受けたのですが、同時に、筆頭株主であるＵが代表取締役でなければ事業承継税制は使えないとの説明も受けました。実際、ＵはＳ社の経営に関与しておらず、取締役にも就任していません。

　Ｕが株式の大半を保有している現状のままでは、事業承継税制を使ってＡに株式を贈与することはできないのでしょうか。

　また、どのような対応をとれば、事業承継税制を使ってＡに株式を贈与することが可能となるでしょうか。

経営に関与していない配偶者が筆頭株主である場合には、特例贈与者の要件を満たすことができないため、事業承継税制を適用することはできません。

S社株式の承継に事業承継税制を適用するためには、U氏が代表者に就任するか、先代経営者T氏が筆頭株主になるように株式を取得する必要があります。

1 経営に関与していない配偶者が筆頭株主の場合

（1）特例贈与者の要件

事業承継税制(贈与税の納税猶予)の特例措置の適用を受けるには、非上場株式を贈与する者が特例贈与者(措法70の7の5①)に該当することが必要です。平成30年度税制改正により創設された特例措置においては、先代経営者以外の者(代表権を有していたことがない者)からの贈与においても納税猶予を適用することが可能になりましたが、先代経営者以外の者が特例贈与者となるためには、最初に先代経営者が事業承継税制の特例措置の適用を受けていることが必要とされています(措令40の8の5①二)。

S社の場合、先代経営者であるT氏は筆頭株主の要件を満たしていないため、特例贈与者になることができません。したがって、現状のままでは、代表権を有していたことのない配偶者のU氏も特例贈与者になることができません。

U氏が特例贈与者になるためには、①U氏自身が経営に関与して代表権を有するか、②先代経営者であるT氏が筆頭株主になるように株式の集約を図ることが必要になります。

①先代経営者（代表権を有していた者）の要件（すべてを満たすことが必要）

要件	T氏	U氏
代表権を有していたこと	○	×
贈与者及び贈与者と特別の関係のある者が議決権の過半数を有していること	○	○
同族関係者の中で筆頭株主であること	×	○
贈与の時に代表権を有していないこと	○	○

②代表権を有していない者の要件（いずれかに該当することが必要）

要件	T氏	U氏
贈与税・相続税の特例措置の適用を受けている者がいる	―	×
特例措置により先代経営者から株式の贈与を受けた者がいる	―	×
特例措置により先代経営者から株式の相続等を受けた者がいる	―	×

（2）代表取締役への就任

　U氏がS社の代表取締役に就任し、代表権を有することになった場合には、上記(1)①の要件を満たすため、事業承継税制の特例を適用することが可能になります。

　代表取締役に就任するにあたっては、登記だけの形式的なものでなく、勤務実態を備えていること、つまり、取締役会への出席に留まらず、代表取締役としての業務執行が実際に行われていることが重要になります。登記上の代表取締役に就任しているだけで代表取締役としての業務執行が行われていない場合には、納税猶予が認められない可能性がありますので注意が必要です。

　これまで経営に関与してこなかったU氏が事業会社の代表取締役に就任し、業務執行を行うことは、従業員や取引先といったステークホルダーに対する説明という点でも非常にハードルが高いと思われますので、ビジネス面での慎重な検討が必要です。

● ② 配偶者の代表取締役就任が困難な場合

（1）持株会社の設立

　U氏が事業会社であるS社の代表取締役に就任することが現実的に難しい場合には、S社の株式を保有することを目的とする持株会社H社を設立し、U氏がH社の代表取締役に就任する方法が考えられます。

　事業会社であるS社は今まで通りT氏が経営することでステークホルダーに対する責任を果たし、U氏はH社の代表取締役として業務執行を行うようにすれば、先代経営者として事業承継税制の特例贈与者の要件を満たすことが可能です。

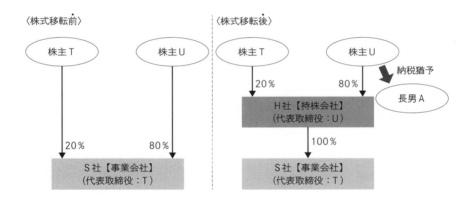

　持株会社が資産保有型会社[(※1)]又は資産運用型会社[(※2)]に該当した場合には、一定の事業実態がある場合を除いて事業承継税制の適用を受けることができませんので注意が必要です（措法70の7の5②一ロ）。しかし、特別子会社となるS社が資産保有型会社又は資産運用型会社に該当しなければ、H社が保有するS社株式は「特定資産」に該当しないことになるため、H社は資産保有型会社・資産運用型会社に該当することなく事業承継税制の適用を受けることが可能です。

（※1）資産保有型会社：総資産に占める特定資産の割合が70％以上の会社

（※2）資産運用型会社：総収入金額に占める特定資産の運用収入の割合が75％以上の
　　　会社

　株式移転は、会社分割に比べて事業運営に及ぼす影響が少なく、比較的容易に持株会社制を実現できるという特徴がありますが、株式移転の日に新たに法人が設立されることになるため、後継者が贈与の日まで引き続き3年以上にわたり対象会社の役員等でなければならない（措法70の7の5②六ヘ）という特例受贈者の要件を満たすには、設立から3年間は事業承継税制を適用できない点に注意が必要です。

（2）先代経営者への株式集約

　配偶者U氏の代表取締役就任が現実的でない場合には、代表権を有しているT氏が筆頭株主となるように株式を集約し、T氏が先代経営者として特例贈与者の要件を満たす方法が考えられます。

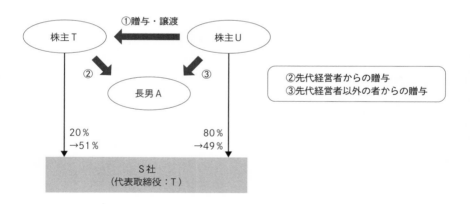

　U氏からからT氏への株式集約には、贈与税（T氏）や所得税（U氏）などの移転コストが必要になりますが、T氏が先代経営者として特例贈与者の要件を満たすことができた場合には、U氏も先代経営者以外の者として事業承継税制を適用することが可能になります。

　T氏に株式を集約することで、T氏及びU氏が保有するすべての株式に事

業承継税制を適用することが可能になりますので、①T氏が筆頭株主になるために要する税コスト、②事業承継税制を適用しなかった場合の相続税負担を比較検討したうえで、実行することが必要です。

③ 結論

　まずは、U氏に代表権を付すことの是非について検討が必要でしょう。形式的に代表権を付与するだけでなく、代表取締役として業務執行を行うことが可能であるのか、ビジネス面での慎重な判断が必要になるものと考えます。

15 事業承継税制適用中に資金調達した場合の資産保有型会社の該当性 －平成31年度税制改正－

相談内容

　私Aは製造業を営む非上場会社Zの代表取締役です。Z社株式について の贈与税の納税猶予及び免除の特例（以下、「特例措置」という）を活用して、 息子BにZ社株式を贈与することを検討しています。

　特例措置の適用により株式を贈与した後、対象会社が資産保有型会 社・資産運用型会社（以下、「資産保有型会社等」という）に該当すると納税猶 予が取り消されると聞きました。

　当社の直近期の資産状況は下記の通りです。

科目	金額
現金預金	50
売掛債権	50
事業用不動産	60
事業用機械	20
投資有価証券（取引先）	50
その他資産	20
合計	250

　当社では取引先との関係強化のため上場・非上場問わず取引先の株式 を積極的に購入しており、直近期では総資産の20％を占めています。そ れに加え、当社の事業用不動産（工場）は老朽化が進んでおり、将来に大 規模な修繕を要することが想定されます。そのため、修繕のための借入 の金額次第では資産保有型会社に該当する可能性があり、特例措置の実

行に躊躇しています。

　平成31年度税制改正で、納税猶予期間中に資産保有型会社・資産運用型会社に該当した場合の取り扱いに改正があったと聞きました。具体的な改正の内容と、Ｚ社の資産保有型会社の判定上の影響を教えてください。

解決へのヒント

　平成31年度税制改正前は、一時的にでも資産保有型会社等に該当した場合には、その該当することとなった時点で納税猶予の取消事由(全部確定事由)となりました。

　平成31年度税制改正により、一定の事由により資産保有型会社等に該当した場合において、その該当した日から6月以内に資産保有型会社等に該当しなくなったときは、納税猶予の取消事由に該当しないこととされました。

解説

 資産保有型会社等の判定

（１）資産保有型会社とは

　資産保有型会社とは、下記の要件を満たす会社をいいます。

$$\frac{\text{特定資産の帳簿価額の合計額}^{(※1)} + \text{一定の配当金等}^{(※2)}}{\text{総資産の帳簿価額の総額} + \text{一定の配当金等}^{(※2)}} \geqq 70\%$$

（※1）特定資産とは、下記の資産をいいます。
- 有価証券等
  国債・地方債・株券その他の有価証券とみなされる権利
- 現に自ら使用していない不動産
  遊休不動産・販売用不動産・賃貸用不動産（従業員社宅を除き、役員用住宅を含む）

● ゴルフ会員権など

　ゴルフ会員権・スポーツクラブ会員権・リゾート会員権など

● 絵画、貴金属等

　絵画・彫刻・工芸品・陶磁器・骨董品などの文化的動産・金・銀などの貴金属・宝石類

● 現預金その他これらに類する資産

　預貯金その他これらに類する資産、保険積立金など、代表者や代表者の同族関係者に対する貸付金や未収金その他これらに類する資産（預け金や差し入れ保証金など）

(※2)「一定の配当等」とは、判定日以前5年以内において、対象会社が後継者とその同族関係者に対して支払った剰余金の配当の額（贈与等の日前に受けたものを除く）及び給与の額（債務免除による利益その他経済的利益を含み、贈与等の日前に支給されたものを除く）のうち法人税法上、損金不算入とされた金額の合計額をいいます。

（2）資産運用型会社とは

資産運用型会社とは、下記の要件を満たす会社をいいます。

$$\frac{特定資産の運用収入の合計額^{(※1)}}{その事業年度の収入金額（売上高＋営業外収入＋特別利益）} \geqq 75\%$$

なお、資産保有型会社等であっても、事業実態を有するものとして一定の要件(以下、「事業実態要件」という)を満たす会社は、資産保有型会社等には該当しません。

(注) 本事例において、Z社は事業実態要件を満たす会社ではないものとします。

② 平成31年度税制改正前の取り扱い

平成31年度税制改正前は、対象会社が納税猶予期間中のある一時点において資産保有型会社等に該当することとなった場合には、その該当することとなった時点で納税猶予の取消事由(全部確定事由)に該当しました。

Z社の直近期の資産状況でシミュレーションすると、修繕のために250の借入を行った場合には一時的に資産保有型会社に該当することとなり、納

税猶予が取り消されることとなります。

【資産保有型会社の判定シミュレーション】

科目	金額	
現金預金	50	……①
借入による現金預金増加額	**250**	……②
売掛債権	50	
事業用不動産	60	
事業用機械	20	
投資有価証券 (取引先)	50	……③
その他資産	20	
合計	500	……④

(注1) その他資産には、特定資産に該当するものはないものとする。

(注2) 直近5年間において、B及びBの同族関係者に対する剰余金の配当及び法人税法上
の損金不算入となる給与の支払いはないものとする。

〈資産保有型会社の判定〉

$$\frac{（①＋②＋③）}{④} = \frac{350}{500} = 70\% \geqq 70\%$$

∴資産保有型会社に該当

③ 平成31年度税制改正後の取り扱い

　平成31年度税制改正では、納税猶予期間中のある時点で資産保有型会
社等に該当した場合であっても、その要因が「一定の事由」に該当し、その
該当した日から6月以内にこれらの会社に該当しなくなったときは、資産保有
型会社等に該当しないとする規定が創設されました（措令40の8⑲㉒）。

　「一定の事由」とは、下記事由をいいます。

資産保有型会社：事業活動のために必要な資金を調達するための資金の借
　　　　　　　　入、その事業の用に供していた資産の譲渡又は当該資産

　　　　　について生じた損害に基因した保険金の取得その他事業
　　　　　活動上生じた偶発的な事由でこれらに類するもの（措規23
　　　　　の9⑭）
資産運用型会社：事業活動のために必要な資金を調達するための特定資産
　　　　　の譲渡その他事業活動上生じた偶発的な事由でこれに類
　　　　　するもの（措規23の9⑯）

　上記の改正は、平成31年4月1日以後に、上記の事由が生じる場合について適用されます。

 4　結論

　Z社の工場の修繕を目的とする借入は「事業活動のために必要な資金を調達するための資金の借入」に該当するものと考えられます。
　したがって、多額の借入を行い、Z社の総資産のうちに特定資産の占める割合が70％以上となった場合であっても、その該当した日から6月以内に修繕に係る支出を行い、同割合を70％未満とすることで、資産保有型会社には該当しないこととなるため、納税猶予の取消は回避できます。
（注）継続届出書への記載等、一定の手続きが必要です。

複数後継者、資産保有型会社等の場合の事業承継税制

相談内容

　私は不動産賃貸業等を行うA社の代表取締役社長です。先代からA社株式の70％を相続しています。なお、30％は取締役副社長である私の弟Zが所有しています。A社の財政状態は下記の通り健全です。

[A社貸借対照表]　　　　　　　　　　　　　　（単位：百万円）

資産	金額	負債	金額
現金預金	1,000	負債	500
賃貸不動産	1,500	純資産	2,500
事務所	500		
計	3,000	計	3,000

　なお、私には一人娘Xがおり、娘の夫Yを私の養子としています。Yは取締役として、Xも従業員としてA社を支えてくれており、将来は2人に会社を任せたいと考えています。

　今年、私は70歳になるので、そろそろY及び実の娘であるXにA社株式を贈与し会社を引退したいと考えています。しかし、株式の贈与にあたり、贈与税が高いことが悩みの種です。

　そんな中、事業承継税制という制度があることを知り、利用したいと考えています。

（1）特例措置である事業承継税制には適用期限が定められています。

（2）特例措置では、X・Y両者に税負担なく株式を贈与できますが、いくつかの留意点があります。

（3）資産保有型会社及び資産運用型会社に対する正しい理解が必要です。

（4）非課税措置の取消しリスクに備えて、退職金の支払いと相続時精算課税の適用を検討する余地があります。

解説

① 事業承継税制の概要

平成30年度税制改正において「事業承継税制の特例」が創設されました。「事業承継税制の特例」は一定の要件のもと、相続税・贈与税の納税が猶予及び免除される時限措置(2027年12月31日までの相続又は贈与が対象)です。

〈「事業承継税制の特例」の概要〉

- 事前の計画策定等
  特例承継計画等を提出(2024年3月31日までに提出)
- 対象株数・納税猶予割合
  全株式・100%
- 承継パターン
  複数の株主から最大3人の後継者
- 雇用確保要件
  弾力化

② 複数後継者の留意点

特例措置においては最大3人までの後継者に承継が可能ですが、下記の要件を満たす必要があります。

〈代表者要件〉

18歳以上、かつ、贈与の直前まで継続して3年以上役員であり、贈与の時において、対象会社の代表権を有していること(措法70条の7の5②六イ、ヘ)

〈同族過半要件〉

後継者及び後継者と特別の関係がある者で総議決権数の50%超の議決権数を有すること(措法70条の7の5②六ハ)

〈同族内筆頭要件〉

各後継者が同族関係者(特例措置の適用を受ける他の後継者を除く)のうち、いずれの者が有する議決権数を下回らないこと(措法70条の7の5②六ニ(2))

〈10%以上要件〉

後継者が有する議決権割合が10%以上となること(措法70条の7の5②六ニ(2))

〈贈与者超過要件〉

後継者の有する議決権数が贈与者の有する議決権数を上回ること

〈特例承継計画〉

後継者は、特例承継計画に記載された後継者であること(措法70条の7の5②六チ)

本件では、後継者は2名(X及びY)です。Yは取締役ですが、Xは従業員であるため3年以上役員とする必要があります。また、贈与の時においてX及びYともに会社代表権を有する必要があります。なお、特例措置は時限措置(2027年12月31日までの相続又は贈与が対象)となっていますので、贈与にて特例措置を適用するためには2024年12月31日までに役員就任しておく必要があります。

議決権割合についても注意が必要です。上述の〈**同族内筆頭要件**〉にてX及びYの議決権割合がZ（同族関係者）の議決権割合30％を上回る必要があります。

なお、複数の後継者が先代経営者1人から贈与を受ける場合は、同一年中に贈与を受けなければ特例制度の適用を受けることができません。

 ### 3 資産保有型会社及び資産運用型会社の制限

承継会社が資産保有型会社及び資産運用型会社（以下、「資産保有型会社等」）の場合、原則として事業承継税制を適用できません。本件の場合、A社は資産保有型会社等に該当します。

[**資産保有型会社**]

資産保有型会社とは、贈与等の日における事業年度の前事業年度の開始の日から贈与税額等の全部につき納税の猶予に係る期限が確定する日までの期間において、総資産[※1]に対する特定資産[※1,2]の割合が70％以上となる会社（措法70条の7②八、70の7の2②八）。

[**資産運用型会社**]

資産運用型会社とは、贈与等の日における事業年度の前事業年度の開始の日から贈与税額等の全部につき納税の猶予に係る期限が確定する日までに終了する事業年度の末日までの期間において、総収入金額に占める特定資産の運用収入[※2]が75％以上となる会社（措法70条の7②九、70の7の2②九）。

（※1）剰余金配当等一定の調整が必要。
（※2）特定資産は以下の通り。
- 有価証券等
- 現に自ら使用していない不動産
- ゴルフ会員権等
- 絵画、貴金属等
- 現預金その他これらに類する資産

ただし、資産保有型会社等であっても、次のすべての要件を満たす事業

実態のある会社は、事業承継税制の適用を受けることができます（措法70条の7②一ロ、70の7の2②一ロ、70の7の5②一ロ）。適用にあたってA社は以下の要件すべてに該当する必要があります。またその疎明資料は下記の通りです。

要件	疎明資料
贈与等の日まで引き続き3年以上にわたり一定の業務（商品の販売、資産の貸付、役務の提供等）を行っている	商品販売、資産の貸付、役務提供などの業務を贈与報告基準期間において行っていることがわかる書類 ➡売買契約書、請負契約書、賃貸借契約書、謄本等（1つの業務が3年未満の場合は複数の業務（契約）を組み合わせて証明）
贈与等の時において、常時使用従業員（親族外従業員）の数が5人以上	従業員が5人以上であることがわかる書類 ➡従業員数証明書等
贈与等の時において、対象会社が常時使用従業員の勤務する事務所等を所有又は賃借している	本社、事務所、工場などの従業員が勤務するための物件を所有又は賃借していることがわかる書類 ➡所有の場合：当該不動産に係る登記事項証明書等 ➡賃借の場合：賃貸借契約書等

 ④ 退職金の支払いと相続時精算課税の適用

　事業承継税制には期限確定事由があり、この事由に該当する場合、事業承継税制を適用しなかった場合に払うべきであった贈与税及び利子税の支払いが必要となります。

　したがって、事業承継税制を適用する際は、当該リスクに対応するため株価対策及び相続時精算課税適用の検討が必要となります。

　株価対策としては、先代経営者への退職金の支払いによる評価下げが考えられますが、事業承継税制では先代経営者（贈与者）が代表権のない役員の辞任をすることまでは求められていない一方、法人税法上、役員退職金を損金とするためには実態として先代経営者（贈与者）が退任している必要があります。

　また、相続時精算課税を適用することにより、暦年贈与課税の税率が最大55％であるのに対して、相続時精算課税[※3]の税率は20％であり、贈与する

株式の株価が高い場合、期限確定事由となった場合の贈与税及び利子税のリスク金額を抑えることができます。

(※3) 相続時精算課税を適用する場合は、贈与税申告書等を税務署へ提出する際「相続時精算課税選択届出書」の提出を失念しないように留意が必要です。

5 贈与後の手続き

贈与後の手続きとしては、次の通りです。

①贈与年の10月15日〜翌年1月15日までに都道府県知事へ認定申請書の提出(特例承継計画の添付が必要)。なお、申請書は受贈者ごとに作成が必要

②認定書の写しと共に申告期限までに贈与税申告書等を提出

③特例経営贈与承継期間(贈与税申告期限から5年間)は、納税猶予の適用を受け続けるために、都道府県知事に年次報告書、税務署長へ継続届出書を提出

④特例経営贈与承継期間(贈与税申告期限から5年間)後は、税務署へ3年に1回の継続届出書の提出

これらの届出書等は添付書類も多いため、事前に準備しておくことが必要です。

6 結論

「事業承継税制の特例」の概要・手続きを理解したうえで、この制度を利用するということであれば、おおよそ以下の手順で進めることになります。

(1)Xの役員就任(贈与の場合2024年12月31日までに)

(2)特例承継計画の策定・提出(2024年3月31日まで)

(3)Xの役員就任期間3年の間にX・Yへの業務を引き継ぎ、X・Yが代表取締役に就任

（4）X・Yが代表取締役に就任後に先代経営者の退任及び退職金の支給

（5）退職金の損金算入事業年度に係る株主総会後にてX・Yへ株式の贈与^(※4)

（※4）贈与後の手続きについては、上記 ● **⑤ 贈与後の手続き**を参照。

相談内容

　私は非上場会社Ｘ社の創業者オーナーである代表取締役のＡです。将来は息子Ｂに事業を承継してほしいと考えています。

　Ｘ社の経営は順調で株価は毎期上昇し、今後も堅調に推移すると予想していますので、株式（発行済株式数100株）についてできる限り早くＢに承継したいと考えています。ただし、Ｂは当社に入社したばかりのため、当社のことを理解し経営者として成長するまでは、経営権は渡せないと考えています。

　この場合、どのようにするのがよいか悩んでいます。

解決へのヒント

　会社法では、株主の多様なニーズに応えるため、そのニーズに応じた内容の株式を発行することを認めています。

解説

1 種類株式等の内容

　株式会社は、剰余金の配当、残余財産の分配、議決権などについて内容の異なる2つ以上の種類の株式を発行することができます(会108)。また、非公開会社は、剰余金の配当、残余財産の分配、議決権について、株主

ごとに異なる扱いを定款で定めることができます（会109②）。

　ご相談内容の場合、下記株式の導入を行うことが考えられます。

	定　義	発行するための決議
議決権制限株式	株主総会の全部又は一部の事項について議決権を行使することができない株式をいう	株主総会の**特別決議等**（3分の2以上の賛成）
拒否権付株式（黄金株）	株主総会等において決議すべき事項のうち、当該決議のほか、当該種類の株式の種類株主を構成員とする種類株主総会の決議があることを必要とする株式をいう	
属人的株式	特定の権利内容（剰余金の配当、残余財産の分配、議決権）について異なる取り扱いを属人的に定める株式をいう	株主総会の**特殊決議等**（4分の3以上の賛成）

② 議決権制限株式（無議決権株式）による対応

　普通株式の99株を議決権制限株式としたうえで、議決権制限株式99株をA氏からB氏へ贈与又は譲渡（以下、「贈与等」とする）します。この場合であっても、経営権についてはA氏が100％有することとなります。

　贈与等後の株主関係は下図のようになります。

〈議決権制限株式（無議決権株式）とした場合〉

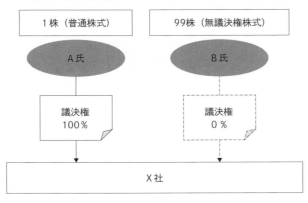

③ 拒否権付株式（黄金株）による対応

　普通株式の1株を拒否権付株式としたうえで、普通株式の99株をA氏からB氏へ贈与等します。

　B氏が主導で行う株主総会について、A氏は一定事項（組織再編行為等定款記載の内容）について拒否権を有することが可能となります。これによりB氏がA氏の意に沿わない経営を行う際には拒否権を行使し、B氏の経営についてA氏が抑止力を発揮することができます。

　贈与等後の株主関係は下図のようになります。

〈拒否権付株式とした場合〉

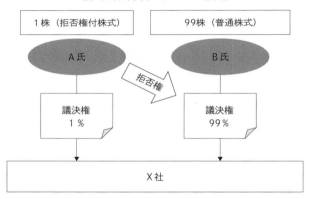

④ 属人的株式による対応

　定款に「A氏の保有する株式については議決権を○○倍とする」との属人的な定めをしたうえで、普通株式の99株をA氏からB氏へ贈与等します。

　属人的株式の議決権の内容を調整することにより、株主総会普通決議・特別決議を通じた経営権をA氏が所有することが可能です。

　仮に、「A氏の保有する株式については議決権を100倍（A氏の議決権が過半数となるような倍数）とする」との属人的な定めを置いた場合の贈与等後の株主関係は下図のようになります。

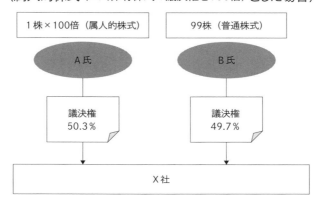

〈属人的株式（A氏保有株式の議決権を100倍）とした場合〉

1株×100倍（属人的株式）	99株（普通株式）
A氏	B氏
議決権 50.3%	議決権 49.7%

X社

5 各手法の相違点

　上記で紹介した3つの手法については、下記のような相違が考えられます。

〈相違点〉

	経営の主導権	事業継承前におけるA氏の相続発生に備えた対策
議決権制限株式	A氏が主導的に経営を行う ➡株主総会の議決権をA氏が保有している	A氏の保有の株式を遺言でB氏が取得できるような対策が考えられる
拒否権付株式 （黄金株）	B氏が主導的に経営を行う ➡普通株主総会の議決権をB氏が99%保有しているため ➡A氏は一定事項について拒否権を行使できる。ただし、当初から議案を否決することはできない	遺言によりB氏に取得させる以外に、拒否権付株式（黄金株）については、A氏の相続発生を条件としてX社がA氏所有株式を取得できることを定めた取得条項付株式とする対策が考えられる
属人的株式	原則としてA氏が主導的に経営を行う ➡属人的株式の設定次第で、A氏が議決権50%超として会社支配することも、3分の1超として特別決議への拒否権を有することも可能	A氏以外が保有した場合は、普通株式となるため特段対策は不要

なお、贈与により取得した場合の無議決権株式・拒否権付株式の評価については、無議決権株式は、原則として議決権の有無を考慮せずに評価することとなります。また拒否権付株式は、拒否権を考慮せずに評価することとされています(国税庁・文書回答事例「相続等により取得した種類株式の評価について」)。

　譲渡の場合についても本件を前提にすると、相続税評価額を譲渡の対価としておけば、課税上の問題は生じません。

【参考】　国税庁ホームページ
　「種類株式の評価について(情報)」

⑥ 結論

　種類株式(無議決権株式や黄金株)又は属人的株式の導入後に、A氏からB氏へ贈与等することにより、経営権(又は、一定の影響力)をA氏に残したまま、財産権をB氏に移転することができます。

　B氏に自発的な経営を任せたい場合は、拒否権付株式や適当な設定を行った属人的株式の発行を行うことが考えられます。A氏が主導的に経営を行う必要がある場合は、議決権制限株式の活用が有効です。なお、贈与時期については、X社の株価推移を確認したうえで、慎重な検討が必要です。

18 属人的株式を用いた事業承継対策

相談内容

　私SはIT企業V社の株式を100％保有するオーナー社長です。V社は設立後5年しか経っていませんが、業績は順調に拡大しており、2～3年後には売上10億円、営業利益3億円が見えてきました。現状、V社は赤字会社のため、資産管理会社を設立して、私が所有する一部株式を移転してはどうかと顧問税理士より提案を受け、資産管理会社W社を設立し私が持つV社株式の40％を譲渡しました。

　私はまだ35歳で事業承継を考える年齢ではありませんが、今後の業績拡大により増加が見込まれる株式の含み益を子供たちに移転できればと思い、私の議決権を保持しつつ、W社の株式を2人の子供に45％ずつ移転しようと考えています。ただ、私の子供はまだ5歳（A）と2歳（B）です。金融機関や従業員にはあまり知られないようにしたいと考えていますが、何かよい方法があれば教えてください。

解決へのヒント

（1）属人的株式により、S氏の議決権を確保しながら、子供たちへ株式移転することが可能です。

（2）S氏が所有する株式のみ議決権を100倍となる属人的株式とします。

（3）種類株式と違って会社登記簿には記載されませんので、他人に知られることはありません。

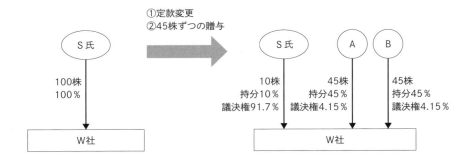

①定款変更
②45株ずつの贈与

S氏
100株
100％
W社

S氏
10株
持分10％
議決権91.7％

A
45株
持分45％
議決権4.15％

B
45株
持分45％
議決権4.15％

W社

解説

① 属人的株式について

　非公開会社である株式会社は、剰余金の配当・残余財産の分配を受ける権利・株主総会における議決権に関する事項について、株主ごとに異なる取り扱いを行う旨を定款で定めることができます（会109②）。属人的株式は旧有限会社法において認められていたものを会社法が取り込んだという経緯があり、非公開会社のみが利用できる規定のため、登記が必要とされていません（会911③に規定されていない）。

　ご相談の場合は、子供たちに株式のほとんど（90％）を贈与しますが、引き続きS氏が議決権を保持するためには、例えば定款を以下のように変更します。

〈定款〉

（株主総会における議決権に関する株主ごとに異なる規定）

第〇条　当会社の株主総会における議決権の数は、下記のとおり算定する。

　株主S氏は、その有する株式1株につき100個の議決権を有する。

　上記以外の株主は、その有する株式1株につき1個の議決権を有する。

そうするとS氏の議決権は100倍となり、議決権の約90％を有することにな

ります。

〈算式〉

　　S氏所有10株 × 100倍 ÷ （1,000 ＋ 子供たち所有90株）＝ 91.743％

② 結論

　　属人的株式については、導入すれば終わりということではありません。ご相談の場合、もしS氏に万が一のことがあった時は議決権が元に戻るため、子供A、Bが議決権の90％を保有することになり、W社の経営が不安定になる恐れがあります。

　　例えば、今後も業績拡大が続き、事業承継を本格的に検討し始めるタイミングで子供たちが持つ株式を無議決権株式へ、いったん転換すべきでしょう（登記が必要となり登記簿に記載されます）。そして、将来どちらかを後継者とするかを決定した後は、S氏が所有する議決権株式の相続先について遺言書を作成するのがよいと考えます。

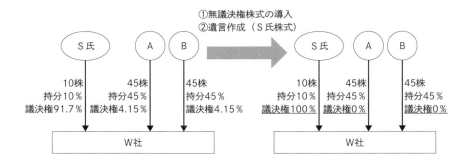

19　親族外事業承継と拒否権付株式

相談内容

　私は北関東で職員数名の税理士事務所を経営する税理士の G です。

　顧問先 L 社の K 社長は今年で70歳になります。K 社長には親族内に会社を継げる人がいないことから、長く K 社長を支えてくれた50代の J 専務に L 社の経営を任せて経営の一線を退く意向です。

　私が立案した株式承継計画を K 社長と J 専務にご承認いただき、実行に向けた準備を進めている最中、K 社長が経営者の会合でトラブル事例（事業承継した会社を売却されてしまったり、解散されてしまった事例）を耳にしたようで、株式を承継する段階になって、J 専務が L 社の株式を売却したり、解散したりできない仕組みを設計してほしいとのリクエストを出されてしまいました。

　L 社の株式には譲渡制限が付されていますが、K 社長のいない取締役会が承認すれば L 社株式を売却することができてしまいますし、私の提案したスキームは新社長が株主総会で多額の配当を行ったり、解散を選択することも可能なスキームになっています。このようなケースで K 社長に安心して L 社株式を譲渡していただくよい方法はないでしょうか。

解決へのヒント

　J専務への株式承継後もK社長が拒否権付株式（いわゆる"黄金株"）を保有していれば、L社株式の譲渡、解散、多額の配当など、会社の売却や財産の流出につながる可能性のある取引を抑止することが可能です。

拒否権付株式は非常に強い権限を有している株式であるため、K社長に相続があった場合にL社の事業に関与しない親族等が保有することがないよう、L社が拒否権付株式を買い戻すことができる取得条項を付しておくことをお勧めします。

解説

① 拒否権付株式

　拒否権付株式とは、株主総会や取締役会において決議すべき事項について、当該決議のほか、拒否権付株式を保有する株主を構成員とする種類株主総会の決議が必要となる株式をいいます(会108①八)。

　拒否権付株式を発行している法人の定款で定めた事項については、株主総会や取締役会の決議に加えて拒否権付株式を有する株主による種類株主総会の承認を経なければ、その効力が発生しません。したがって、K社長の保有株式のうち1株を拒否権付株式に変更して引き続きK社長が保有し、残りの普通株式をL専務に承継すれば、L専務が株式の譲渡や解散を実行しようとした場合でも、種類株主総会で否決して阻止することが可能となります。

〈K社長保有株式の処遇〉

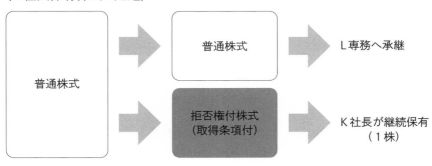

〈拒否権付株式を発行した場合の意思決定フロー〉

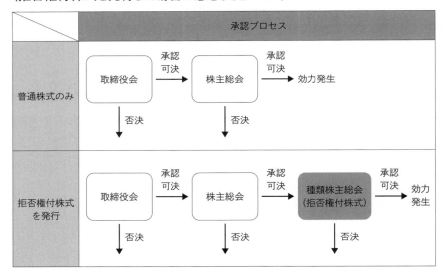

株主総会や取締役会で決議するすべての決議事項について拒否権を付すことも可能ですが、拒否権の範囲を広く設定しすぎると、円滑な会社運営に支障をきたし、種類株主総会の招集や議事録作成などの事務作業も増えることになりますので、拒否権の範囲は目的に応じて必要最低限に留めることをお勧めします。

〈**拒否権を設定する決議事項の一例**〉

　①譲渡制限株式の株式譲渡承認請求

　②剰余金の配当

　③解散

　④自己株式の取得

　⑤組織再編(合併・分割・株式交換・株式移転・株式交付)

　⑥事業譲渡

　また、拒否権付株式は、「種類株主総会における決議の否決」という拒否権を有するのみであり、株主総会や取締役会で決議すべき事項の決定権はありません。したがって、取締役会や大株主である決定権者(L専務)と、拒

否権付株式を保有する拒否権者(K社長)との間で意見の対立が起きた場合、経営執行がストップしてしまう「デッドロック」という状態に陥る可能性があります。

② 取得条項付株式

　拒否権付株式は非常に強い権限を有しているため、経営陣の意に沿わない株主の手に渡ることがないようにしなければなりません。そこで、株主に相続が発生した場合など一定の事由が生じた場合に、発行会社が株主の同意なく買い戻すことができる取得条項を組み合わせた株式(取得条項付株式)として発行することが一般的です(会2十九、108①六)。

　拒否権付株式に組み合わせる取得条項は、株主の死亡や意思能力の喪失など、議決権の行使が困難になった場合を想定して設計することが一般的ですが、特定の期日や株主の年齢を取得条項とし、期日到来後には取締役会の決議により任意のタイミングで取得するような設計にすることも可能です。

〈**取得条項の一例**〉

①一定の期日が到来
　　⇒ 例：株主の年齢が満80歳／2030年8月1日以降で取締役会が決議した日
②株主の死亡
③意思能力又は意思伝達能力を失い株主としての権利行使が困難
④居所・行先・消息・安否が知れず連絡をとることが困難

③ 事業承継税制を活用する場合の留意点

　拒否権付株式を発行している会社の事業承継において、贈与又は相続の時に後継者以外の者が拒否権付株式を保有している場合には、経営承継

円滑化法の認定を受けることができません（措法70の7の5②一、70の7の6②一、措令40の8の5⑨、40の8の6⑨）。

　したがって、今回のL社株式の承継にあたって事業承継税制（贈与税・相続税の納税猶予）の活用を予定している場合には、K社長が拒否権付株式を保有することはできません。

 ## 4 結論

　親族以外の役員や従業員に事業承継を行う場合、どれだけ信頼できる後継者であっても、自らが育てた会社を売却されてしまうことがないか、私物化されてしまうようなことがないか、不安になることもあるようです。

　そのような場合、本事例のように株式を譲り渡す先代経営者が引き続き拒否権付株式を保有すれば、後継者に対して一定の牽制機能を持ち続けることが可能です。ただし、拒否権付株式が意図せず第三者の手に渡ってしまうことがないよう、その効力はK社長の判断能力のある期間とし、拒否権付株式に一定の取得条項を付しておくことが必要でしょう。

20 親族内に後継者が いない場合の事業承継対策

相談内容

　私 A は、健康食品の製造販売を営む非上場会社 Y 社の3代目社長です。
創業者である祖父 B、2代目社長の父 C から Y 社の事業を承継し、20年
かけて事業を拡大させてきた結果、従業員数は200人を超え、売上・利
益ともに順調に拡大を続けています。

　私も60代後半となり、後継者へのバトンタッチを考えなければならな
い年齢に差し掛かっているのですが、私には子供がおらず、親族の中に
も会社経営を任せることができるような者が見当たりませんので、同族
経営にはこだわらず、当社を経営していく意志と能力のある人に会社を
継いでもらいたいと考えています。

　メインバンクからは M&A の提案も受けましたが、従業員の雇用の維
持や、取引先にも迷惑をかけたくないので、事業をスムーズに継続する
ことができるように、社内の役員・従業員の中から後継者を決めて事業
承継を行いたいと考えています。

　この場合、どのような方法で自社株の承継を進めればよいでしょうか。

解決へのヒント

　役員・従業員への自社株式の承継は、①オーナー経営者が相応の譲渡対
価が得られる「MBO」による承継スキーム、②配当還元価額などの比較的
低い価格で株式を手放して後継者の負担を抑える「安定株主対策」による承
継スキームのいずれかが選択されることが一般的です。

解説

① 役員・従業員への事業承継

　近年の少子化や価値観の多様化により、経営者に子供がいない、または、子供がいても会社を継がないケースが増加しています。子供や親族への事業承継は「親族内承継」、親族以外の後継者への事業承継は「親族外承継」といわれていますが、親族内の後継者を確保することができない等の理由から、親族内承継の割合が減少し、親族外承継の割合が増加しています。

　親族外承継には、大きく分けて、①役員・従業員への事業承継、②M&Aによる事業承継の2つがあり、いずれも増加傾向にあります（中小企業庁「事業承継ガイドライン」（令和4年3月）26ページ）。

　オーナー経営者の下で長期間働いてきた役員・従業員への事業承継は、経営方針の一貫性が保たれやすく、オーナー経営者が築き上げてきた企業理念や文化もそのまま承継されることが多いようです。また、従業員の雇用や取引先との関係なども維持されることが多く、利害関係者の不安も少ないことから、M&Aに比べて理解が得られやすい方法とされています。

　役員・従業員への親族外承継における大きな課題であった後継者の株式購入資金の問題については、持株会社を活用するMBO（Management Buy-Out：マネジメント・バイアウト）や、従業員持株会、投資育成会社などの安定株主対策を活用するスキームが普及してきたこと、事業承継税制の対象に親族外の後継者が加えられたこと、などもあり、後継者の負担を抑えつつ事業承継を行うことが可能な環境が整いつつあります。

② MBO による場合

　親族外承継におけるMBOとは、会社の役員又は従業員（従業員が行うものをEmployee Buy Out：エンプロイー・バイアウトと呼び、EBOと略されることもあります）

である後継者が、オーナー経営者から株式の譲渡を受ける事業承継スキームです。

　後継者となる役員・従業員が、オーナー経営者から株式を買い取ることを目的とした持株会社を設立し、金融機関から資金調達をしてオーナー経営者の保有株式を取得することが一般的です。

　持株会社は、対象会社からの配当金を原資として借入金を返済するか、あるいは、持株会社と対象会社を合併させて、対象会社の現金預金を原資として借入金返済を行う場合もあります。

　スキームの概要は下図のようになります。

【MBOによる親族外承継】

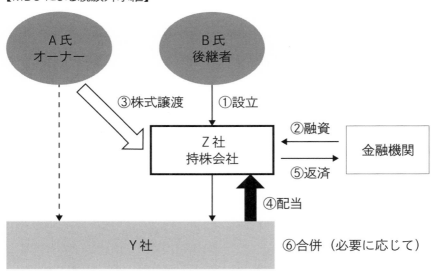

3 安定株主対策により後継者の負担を少なくする場合

　親族外の後継者は、たとえ後継者に指名されるような人物であっても資産の蓄えがないことが多く、オーナー経営者から株式を取得するために多額

の株式購入資金を準備することが容易ではありません。また、金融機関から多額の融資を受けることや、債務保証を受けることに難色を示すことも想定されます。

　そこで、オーナー経営者が株式の譲渡対価に執着しない場合や、金銭面よりも会社の存続を優先したい場合には、役員持株会や従業員持株会に配当還元価額などの比較的低い価格で株式を保有してもらう安定株主対策を活用した承継スキームを採用するケースが増加してきています。

　次世代経営陣による役員持株会、従業員持株会、外部株主ではあるものの経営方針に賛同し、長期間にわたって株式を保有してくれる投資育成会社[※]のような安定株主に一定割合の株式を保有してもらうことで、後継者となる役員・従業員が承継すべき株式の数を減らし、株式の取得に要する費用を抑えることが可能です。

[※] 地方自治体や金融機関が主要株主である経済産業省所管の政策実施機関で、安定的な配当を期待して株式を引き受け、長期間にわたって株式を保有しながら、中小企業の成長発展を支援する法人です。

　スキームの概要は下図のようになります。

【安定株主対策による親族外承継】

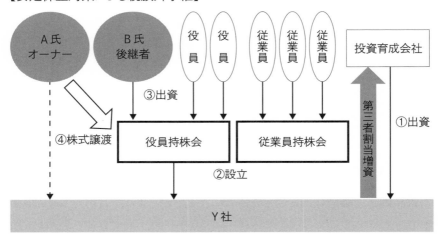

④ 親族外の後継者への事業承継税制の適用

　親族外の後継者に対して贈与税の納税猶予（措法70の7の5）を適用した場合、後継者は贈与税・相続税の負担なく自社株式を承継することが可能です。

　一方、オーナー経営者の相続人は、後継者に贈与された自社株式が相続税の課税対象に含められ、相続税負担が増加する結果となります。贈与税の納税猶予の対象となった株式の贈与者であるオーナー経営者に相続があった場合、株式の贈与を受けた後継者（役員・従業員）が遺贈により株式を取得したものとみなして、相続税を計算することとされているためです（措法70の7の7）。

　相続税の計算にあたっては、自社株式を他の相続財産と合算し、相続税の総額を計算することとなりますので、納税猶予の適用を受けられない相続人は、自社株式の高い評価額を加味した税率により算定された相続税額を応分に負担しなければなりません。

　オーナー経営者に自社株式を承継しない相続人がいる場合には、遺留分への対応や、オーナー経営者の相続人と親族外の後継者が共同して相続税の申告を行う相続税申告の過程において、オーナー経営者の遺産内容が後継者に知れてしまうという問題についてもあらかじめ考慮しておかなければなりませんので、事業承継税制を活用することは現実的ではありません。

⑤ 結論

　オーナー経営者が相応の譲渡対価を得る必要がある場合には、役員・従業員へのMBOによる親族外承継か、従業員承継が難しい場合にはM&Aによる株式売却を選択せざるを得ないでしょう。親族への事業承継でない以上、相応の対価を求めるのは自然なことといえます。

　一方、オーナー経営者が金銭面に執着せず、会社存続のためなら配当

還元価額などの比較的低い価格で株式を手放しても構わないと考える場合には、「安定株主対策」による親族外承継により、後継者たる役員・従業員が少ない負担で株式を承継することが可能となります。

【事業承継スキーム選択フロー】

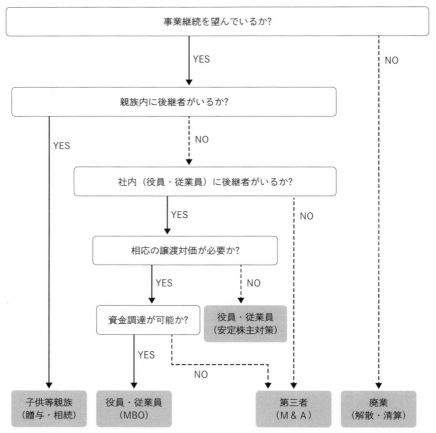

（注）上記は一例であり、様々な条件によって、必ずしも最適な選択になるとは限りません。

㉑ 役員持株会を用いた対策の留意点

相談内容

　私は、化学製品卸売業を営むK社で総務部長を務めています。当社は、創業オーナーであったA氏に親族内の後継者が存在しなかったことから、創業直後から当社で働いてきた非同族の取締役B（社長）を中心とする役員5名による非同族承継を行いました。

　その際、A氏から非同族の役員5名への株式移転コストを抑えることを目的として従業員持株会を設立し、20名程度の従業員が従業員持株会を通じて株式を保有することにしました。また、取引先にも各5％の株式を保有してもらうなど、すべての株主の議決権割合が15％未満となるよう大胆に株式を分散させることで、全員が配当還元価額により株式を取得することが可能となるような事業承継対策を行いました。

〈K社の持株割合〉

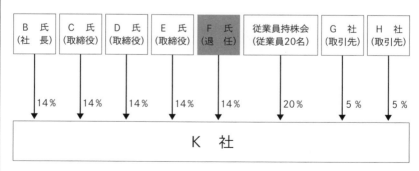

このたび、来月行われる定時株主総会での任期満了をもって、取締役

の1名（F氏）が退任することになりました。B社長は、これまで通り取締役会のメンバーで3分の2以上の株式を保有し続けたいと考えていますが、残る取締役4名がF氏の株式を取得すると議決権割合が15％以上となってしまうため、配当還元価額により株式を取得することができなくなると顧問税理士から指摘を受けました。

　そこで、F氏の退任前に役員持株会を設立し、取締役5名の保有株式を役員持株会で保有する形に組み替えるアイデアが検討されています。F氏が当社の取締役を退任した後も役員持株会の会員として留まることができるように、役員持株会の会員資格を「K社の取締役及び元取締役」とし、当面の間、F氏に株式を保有し続けてもらう計画ですが、問題ないでしょうか。

　仮に、F氏が役員持株会の会員になることができない場合には、F氏と取引先2社が加入する取引先持株会を設立し、取引がなくなった場合やF氏に相続があった場合に株式を買い戻せるようにするアイデアも出ていますが、そのようなことは可能なのでしょうか。

解決へのヒント

（1）民法第667条第1項に規定する組合契約に基づき設立される役員持株会は、会員資格などの制度設計を誤ると、金融商品取引業としての登録義務が生じてしまう場合があります。

（2）非上場会社の役員持株会が金融商品取引業の登録を行うことは現実的でなく、未登録で勧誘を行った場合の罰則も存在するため、会員資格などの制度設計に留意が必要です。

① 役員持株会

　非上場会社の役員持株会は、民法第667条第1項に規定する組合契約に基づき設立されることが一般的です。会員規約において株式の引き出しを認めず、退会時や取締役を退任するなど会員資格を喪失した際には現金で払戻しを行う旨を定めておくことで、退会者が出た場合でも、役員持株会で株式を保有し続けることが可能であることから、株式の社外流出を防ぐ機能があると考えられています。

　このように、役員による議決権の安定的な保有や株式の社外流出の防止を目的に設立されることの多い役員持株会ですが、投資家(役員)から出資を集めて株式を保有し、配当金などの収益を出資者に分配するなど、投資ファンドに似た性格を持つ制度であるため、制度設計や運営を誤ると金融商品取引法の規制の対象となる点に注意が必要です。

② 金融商品取引法に関する留意点

(1) 集団投資スキーム持分

　金融商品取引法においては、民法第667条第1項に規定する組合契約のうち、出資者が出資又は拠出をした金銭を充てて行う事業から生ずる収益の配当又は財産の分配を受けることができる権利について、一定のものを除いて、これを有価証券とみなして金融商品取引法の規定を適用する旨が定められています(金商法2②五)。

(※1) 有価証券とみなさなくても公益又は出資者の保護のため支障を生ずることがないと認められるものとして政令で定める権利 (金商法2②五ニ)。

　有価証券とみなされた集団投資スキーム持分の自己募集や、出資・拠出を受けた有価証券の自己運用を業としている者に対しては、金融商品取引

業の登録^(※2)を受けることが義務付けられており、登録を受けずに出資の勧誘等を行った場合には金融商品取引法違反(5年以下の懲役若しくは500万円以下の罰金に処し、又は併科)に該当する可能性があります(金商法2⑧、29、197の2①十の四)。

(※2)自己募集は第二種金融商品取引業、自己運用は投資運用業の登録が必要。

〈集団投資スキーム(ファンド)持分とは〉
他者から金銭などの出資・拠出を集め、当該金銭を用いて何らかの事業・投資を行い、その事業から生じる収益等を出資者に分配するような仕組みに関する権利のことで、法的形式や事業の内容を問わず、包括的に金融証券取引法の規制対象である「有価証券」とみなすこととされています。
(出典)「いわゆるファンド形態での販売・勧誘等業務について」(金融庁ホームページ)

金融商品取引法においては、出資の総額及び純資産額が5,000万円未満の投資運用業、同じく1,000万円未満の第二種金融商品取引業について登録を拒否する旨が定められており、配当還元価額などの比較的低い価額で株式を取得することが想定される役員持株会や従業員持株会、取引先持株会を金融商品取引業として登録することは現実的ではありません(金商法29の4①四イ・五ロ、金商令15の7①四・五)。

(2)集団投資スキーム持分に該当しない制度設計

会社の運営する持株会が集団投資スキーム持分に該当することなく、金融商品取引法違反でないようにするためには、持株会がみなし有価証券の対象から除外される「有価証券とみなさなくても公益又は出資者の保護のため支障を生ずることがないと認められるものとして政令で定める権利」(金商法2②五ニ)に合致するような設計・運営であることが必要となります。

集団投資スキーム持分の適用除外となるための「政令で定める権利」は、持株会の種類ごとに、①会員資格、②契約内容、③拠出金額の3つが次表の通り定められています。

種類	集団投資スキーム持分の除外要件
役員持株会 従業員持株会	①株券又は投資証券の発行者の役員、従業員、被支配会社の役員又は従業員（役員等） ②他の役員等と共同して当該発行者の株券又は投資証券の買付けを、一定の計画に従い、個別の投資判断に基づかず、継続的に行うことを約する契約 ③各役員等の1回当たりの拠出金額が100万円に満たない
拡大従業員持株会	①株券の発行者である会社の関係会社の従業員 ②当該関係会社の他の従業員と共同して当該会社の株券の買付けを、一定の計画に従い、個別の投資判断に基づかず、継続的に行うことを約する契約 ③各従業員の1回当たりの拠出金額が100万円に満たない
取引先持株会	①株券の発行者である会社の取引関係者 ②当該会社の他の取引関係者と共同して当該会社の株券の買付け（金融商品取引業者に媒介、取次ぎ又は代理の申込みをして行うものに限る）を、一定の計画に従い、個別の投資判断に基づかず、継続的に行うことを約する契約 ③各取引関係者の1回当たりの拠出金額が100万円に満たない

出典：金商令1の3の3五・六、金商法2条府令6、7をもとに筆者作成

③ 結論

　役員持株会が有価証券とみなされる集団投資スキーム持分とならないためには、役員持株会の構成員となる会員が、「株券の発行者の役員、従業員、被支配会社の役員又は従業員」で構成されていることが必要です。したがって、御社の場合、退職する取締役（F氏）を引き続き役員持株会の会員として留めることについては再考が必要でしょう。

　また、取引先持株会については、「株券の買付けを金融商品取引業者に媒介、取次ぎ又は代理の申込みをして行うものに限る」旨が規定されていることからも、証券会社等に運営受託してもらう形でなければ集団投資スキーム持分に該当してしまうため、株主3名による取引先持株会というアイデアも現実的ではありません。

　役員持株会や従業員持株会、取引先持株会が集団投資スキーム持分に

該当し、有価証券とみなされることにより、金融商品取引法違反となることがないように、会員資格に留意するか、退任するF氏の後任を選任してF氏から株式を取得するなど、持株会制度以外の方法を検討することが必要でしょう。

22 親族外の後継者と中小企業投資育成によるMBO

相談内容

　私は、自動車部品製造業を営む F 社の専務取締役 B です。半年ほど前、後継者のいない創業オーナー W 社長が1年後の任期満了をもって取締役を退任したい旨を公表しました。私 B を含む取締役5名による経営体制に移行し、F 社株式を譲渡したい意向を示されています。

　当社の顧問税理士が、株式の移転コストを抑えることを目的に役員持株会や従業員持株会に株式を低廉譲渡してもらい、W 社長には役員退職慰労金で創業者利益を得るという提案を行いました。しかし、W 社長から役員退職慰労金とは別に1億円程度で F 社株式を新経営陣が取得するような MBO（Management Buy-Out：マネジメント・バイアウト）による株式承継計画を検討するように指示されました。

　メインバンクからは、新経営陣が持株会社（SPC）を設立し、銀行借入100％で株式を取得するプランを提案されましたが、顧問税理士からは、自己資本を厚くして借入負担を抑えるとともに、次なる事業承継のことを意識して安定株主を入れてはどうかと提案がありました。

　借入金の返済が今後の会社経営の重荷にならず、次なる事業承継の時に、私 B を含む新経営陣が過度に経済的な負担を被らなくて済むような資本政策の検討を顧問税理士に依頼しました。結果として、取締役5名が500万円ずつ2,500万円を出資して SPC を設立し、2,500万円を中小企業投資育成に出資してもらい、残りの5,000万円を金融機関から融資を受けて W 社長から株式を取得するスキームを顧問税理士が提案してくれました。

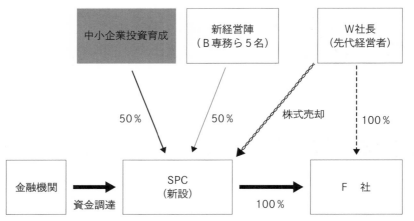

出典：「第三者承継支援総合パッケージ」（中小企業庁　令和元年12月20日）の15ページをもとに筆者加工

　この方法は、中小企業庁が「第三者承継支援総合パッケージ」として公表している親族外承継の方法の1つとのことで、将来的にはSPCをF社と合併させて銀行借入を返済することも視野に入れています。

　当社の会社規模はそれほど大きくなく、また、W社長も私たち新経営陣も株式公開を考えていないため、ベンチャーキャピタルやMBOファンド等の、いわゆる外部株主に株式を保有してもらうことは想定していませんでした。また、新たな外部株主から役員派遣を受けたり、経営に過度の干渉をされることは望んでおりません。

　顧問税理士から紹介された中小企業投資育成に私たちのMBOに参加してもらって本当に大丈夫でしょうか。

解決へのヒント

　中小企業投資育成は、投資先企業に対する経営干渉や役員派遣を行わず、経営の自主性を尊重する友好的な株主です。投資先の株式を売却して利益を得ることを前提としておらず、安定的な配当を期待する長期安定株

主ですので、ベンチャーキャピタルやMBOファンドに比べると株式を保有してもらうことについて安心感があります。

　一方、株主総会の開催をはじめとする会社法等の法令順守が当然に求められることや、毎期安定的に配当を行うことに抵抗がある場合は、投資育成制度の利用については再考が必要でしょう。

解説

① 中小企業投資育成

（1）中小企業投資育成とは

　中小企業投資育成は、昭和38年に中小企業投資育成株式会社法に基づき設立された経済産業省所管の政策実施機関で、中小企業の自己資本の充実と、その健全な成長発展を図るための投資等を行うことを目的としています。

　原則として資本金3億円以下の企業（公序良俗に反するもの、投機的なものを除きます）を投資対象企業とし、東京・大阪・名古屋に本社を置く中小企業投資育成3社が全国の中堅・中小企業2,965社（2023年3月末現在）に出資しています。

商　　号	営業エリア
東京中小企業投資育成株式会社	静岡、長野、新潟以東の18都道県
大阪中小企業投資育成株式会社	福井、滋賀、奈良、和歌山以西の24府県
名古屋中小企業投資育成株式会社	愛知、岐阜、三重、富山、石川の5県

出典：大阪中小企業投資育成株式会社ホームページより筆者加工

（2）投資ファンド等との違い

　中小企業投資育成は、投資した株式を売却して利益を得ることは前提としておらず、安定した配当を期待する株主です。キャピタルゲインを目的と

し、数年で出口(EXIT)を求める前提の投資ファンド等と異なり、数十年に
わたる株式保有が期待できます。

　経営陣に対するアドバイス等を通じて投資先企業を育成するという側面を
持ち合わせているものの、出資先企業に対する経営干渉や役員派遣を行う
ことはありません。

	中小企業投資育成	投資ファンド等
投資対象企業	事業の持続的な成長発展、配当が期待できる企業	キャピタルゲインが期待できる企業
保有方針	長期保有（平均的に20年超の保有）	短期保有（3〜5年程度）
経営への関与	投資先企業の自主性を尊重 （役員派遣は行わない）	経営参加（議決権比率による。状況により役員派遣も）
出口戦略 (EXIT)	なし（買戻し条項なし）	株式公開又はM&A （買戻し条項を付す場合も）

（3）引受価額

　中小企業投資育成が増資等を引き受ける際の引受価額については、以下
の通り独自の株価算式が定められています。投資ファンド等が用いるDCF
法等の収益還元方式とは異なる独自の株価算式で、財産評価基本通達188
－2に定める配当還元価額に比較的近い価額（配当還元価額より若干高い価額）
となることが多く、議決権の50％という引受限度との兼ね合いもあり多額の
資金調達を目的とする場合には不向きです（1社当たりの投資額が3,000万円程度
となることが一般的です）。

$$評価額＝\frac{1株当たりの予想純利益 \times 配当性向}{期待利回り}$$

(注) 申告所得税関係個別通達「中小企業投資育成株式会社が第三者割当てに基づき引
　　き受ける新株の価額および保有する株式を処分する場合の価額にかかる課税上の取
　　扱いについて」（昭48直審3－126、直審4－109、直審5－53）

（４）引受限度

　中小企業投資育成は、投資先企業の自主性を尊重するスタンスであり、増資等を引き受けるにあたって、投資先企業の議決権の50％超を保有することはできない旨が定められています。

② 中小企業投資育成の投資先における同族株主の判定

（１）同族株主判定

　財産評価基本通達188－6には、投資育成会社（中小企業投資育成）が株主である場合の同族株主等の判定に関する通達が存在しており、①中小企業投資育成が財産評価基本通達188に定める同族株主等（同族株主・中心的な同族株主・中心的な株主）の要件を満たす場合でも中小企業投資育成は同族株主等（同上）に該当しないこと、②中小企業投資育成の議決権を除いて同族株主の判定をした場合に同族株主に該当することとなる者があるときは、それ以外の者は同族株主以外の株主等に該当すること、が定められています。

◆財産評価基本通達188-6（投資育成会社が株主である場合の同族株主等）
　188（同族株主以外の株主等が取得した株式）の（１）から（４）までについては、評価会社の株主のうちに投資育成会社があるときは、次による。
（１）当該投資育成会社が同族株主に該当し、かつ、当該投資育成会社以外に同族株主に該当する株主がいない場合には、当該投資育成会社は同族株主に該当しないものとして適用する。
（２）当該投資育成会社が、中心的な同族株主又は中心的な株主に該当し、かつ、当該投資育成会社以外に中心的な同族株主又は中心的な株主に該当する株主がいない場合には、当該投資育成会社は中心的な同族株主又は中心的な株主に該当しないものとして適用する。
（３）上記（１）及び（２）において、評価会社の議決権総数からその投資育成会社の有する評価会社の議決権の数を控除した数をその評価会社の議決権総数とした場合に同族株主に該当することとなる者があるときは、その同族株主に該当することとなる者以外の株主が取得した株式については、上記（１）及び（２）にかかわらず、「同族株主以外の株主等が取得した株式」に該当するものとする。

出典：財産評価基本通達188-6を筆者加工

（２）本スキームの場合

　顧問税理士から提案のあった本スキームは、5名の取締役が議決権の50％を均等に10％ずつ保有し、中小企業投資育成が50％の議決権を保有する株主構成となっており、各取締役が10％の株式を譲渡する際には、次なる取締役が「同族株主以外の株主等」として配当還元価額により取得することが可能です。

　中小企業投資育成は、「同族株主」及び「中心的同族株主」の要件を満たしますが、財産評価基本通達188−6（1）及び（2）により「同族株主」及び「中心的同族株主」に該当しないものとして取り扱います。また、取締役5名は議決権割合が各10％であるため、「同族株主」に該当することはありません。したがって、新設するSPCは「同族株主のいない会社」となります。

◆「同族株主」とは、株主の1人及びその同族関係者の有する議決権数が、その会社の議決権総数の30％以上である場合におけるその株主及びその同族関係者をいいます。ただし、議決権総数の50％超を有する株主グループが存在する場合は、その株主グループだけが同族株主となります（財基通188（1））。

◆「中心的な同族株主」とは、同族株主の1人並びにその株主の配偶者、直系血族、兄弟姉妹及び1親等の姻族（これらの者の同族関係者である会社のうち、これらの者が有する議決権の合計数がその会社の議決権総数の25％以上である会社を含みます）の有する議決権の合計数がその会社の議決権総数の25％以上である場合におけるその株主をいいます（財基通188（2））。

　同族株主のいない会社の判定を行うにあたって、中小企業投資育成は「中心的な株主」の要件を満たしますが、財産評価基本通達188−6（2）により「中心的な株主」に該当しないものとして取り扱います。また、取締役5名は議決権割合が各10％であるため、「中心的な株主」に該当することはありません。したがって、取締役5名は「同族株主以外の株主等」に該当するこ

とになります。

◆「中心的な株主」とは、株主の1人及びその同族関係者の有する議決権数が、その会社の議決権総数の15%以上である株主グループのうち、いずれかのグループに単独でその会社の議決権総数の10%以上の議決権を有している株主が存在する場合におけるその株主をいいます（財基通188（4））。

〈同族株主のいない会社の評価方式〉

株式取得者					評価方式
同族関係者と合計した議決権割合が15%以上	中心的な株主がいる	中心的な株主			原則的評価
		中心的な株主以外	議決権割合が5%以上		
			議決権割合が5%未満	役員	
				その他	特例的評価
	中心的な株主がいない				原則的評価
同族関係者と合計した議決権割合が15%未満					特例的評価

出典：財産評価基本通達188（3）（4）をもとに筆者作成

③ 結論

　非同族の取締役がMBOにより経営権を取得する場合、親族内で行われる事業承継に比べて後継者の年齢が高くなることが一般的です。また、役員や従業員への親族外承継に舵を切った会社は、次なる事業承継も役員・従業員への親族外承継となる可能性が高く、事業承継のスパンも短くなることが想定されますので、後継者となる役員・従業員の負担が継続的に少なくなるような事業承継対策を検討することが重要です。

　その点、中小企業投資育成は長期安定株主として数十年にわたって株式を保有してもらうことが可能ですので、株主に迎えることで、次なる事業承

継の際にも後継者の負担軽減に一役買ってくれるものと思われます。

　国の政策実施機関である中小企業投資育成は、投資先企業の経営の自主性を尊重してくれる株主ですので、ベンチャーキャピタルやMBOファンドに比べると株式を保有してもらうことについて安心感があることは事実です。ただし、経営干渉しないといっても外部株主であることに変わりはありません。株主総会の開催をはじめとする会社法等の法令順守が難しい場合や、毎期安定的に配当を行うことに抵抗がある場合には、投資育成制度の利用について再考が必要でしょう。

第3章

株価対策

23 事業承継対策で役員退職金を支給する場合の留意点

相談内容

　私Yは、金属製造業を営む非上場会社（S社）の代表取締役社長（65歳）です。そろそろ役員を退任して、後継者である息子Zにバトンタッチしたいと考えています。ただし、いきなりZにすべてを引き継がせるのは少し不安なので、しばらくは会長（取締役でない）というポジションで会社に関与していこうと考えています。

　ところで、役員退職金を支給した次年度には自社の株価が引き下げられると聞きました。そのタイミングで私が所有するS社株式を後継者であるZへ譲渡又は贈与することも検討しています。

　事業承継対策において役員退職金を支給する際の留意点について教えてください。

解決へのヒント

　役員退職金を支給することで会社の利益と純資産が圧縮されるため、自社株（非上場株式）の評価額を引き下げることができます。

　ただし、役員退職金を事業承継対策に活用する場合には、次の3点について留意する必要があります。

　①退職金の適正金額を把握すること

　②役員としての退職の実態があること

　③中長期的なリタイアメント・プランを作成すること

1 退職金の適正額を把握する

（1）法人税法上の規定

　法人が役員に対して支給する退職金のうち、不相当に高額な部分の金額は損金の額に算入されません（法法34②）。

　この「不相当に高額」に該当するかどうかは、

①役員の業務に従事した期間

②退職の事情

③事業・規模が類似する法人の役員に対する退職給与の支給の状況

等の各要素に照らして総合的に判断するものとされおり（法令70二）、具体的な計算方法は定められていません。

（2）3倍基準について

　法人税法上の規定は上記（1）の通りですが、実務上は、代表取締役の退職金は最終報酬月額 × 勤続年数 × 功績倍率（上限3.0が目安）とされています（以下、「3倍基準」という）。これは、最高裁で支持された事例（最高裁昭和60年9月17日）があるためと考えられています。

　しかし、近年の判例では、税務調査の段階では功績倍率3.0倍が"落としどころ"とされていたにもかかわらず、裁判に至ったことにより、1.18倍が適正と認定された事例があります（飯田精密事件：東京高裁平成25年7月18日、東京地裁平成25年3月22日）。

　このように、3倍基準はあくまで実務上の目安であるため、しっかりとした根拠を準備する必要があります。

（3）平均功績倍率法による方法

　役員退職金の金額の算定方法には、主に平均功績倍率法、1年当たり平

均額法、最高功績倍率法の3つがあります。一般的には平均功績倍率が最も合理的な算定方法とされているため、ここでは平均功績倍率法による適正額の算定方法を紹介します。

①平均功績倍率法による計算

　平均功績倍率法は、同種の事業を営み、かつ、その事業規模が類似する法人（以下、「比較法人」という）の役員退職給与の功績倍率の平均値に、対象となる役員の「最終報酬月額×勤続年数」を乗じて算定する方法です。

〈平均功績倍率法による算式〉

比較法人の平均功績倍率$^{(※)}$　×　最終報酬月額　×　勤続年数

　　＝　損金算入限度額

（※）功績倍率　＝　退職給与の額　÷　（最終報酬月額×勤続年数）

②比較法人のデータの抽出基準と入手方法

　上記算式の通り、功績倍率の算定のためには、比較法人のデータの入手が必要となります。データの抽出にあたっての基準は、例えば下記のような事項を設けて、恣意性が介入しないよう機械的に抽出する必要があります。

〈データの抽出基準の例〉

① 　所在地域又は経済事情等が類似している地域に所在している法人である

② 　基幹の事業が同種であることについて、日本標準産業分類の中分類ないし小分類まで考慮している

③ 　売上金額の2分の1から2倍の範囲内である事業年度がある（倍半基準）

④ 　③の事業年度に退職給与の支給がある

⑤ 　③の事業年度について、不服申立て又は訴訟が係争中ではない

　ただし、納税者が上記のような基準を満たす有用なデータを入手すること

は困難です。実務上は、財務省や国税庁がホームページ上で公表している「法人企業統計年報特集」や「民間給与実態統計調査」、税務関係の雑誌や書籍にも参考となる記事・資料が数多く掲載されており、これらを参考とすることが一般的です。

② 退職の実態があること

　Yのように、代表取締役を引退した後も会長や監査役への分掌変更により引き続き在職するケースがよく見受けられます。

　分掌変更に伴う役員退職金については、役員としての地位又は職務内容が激変し、実質的に退職したと同様の事情にあると認められる場合には、税務上も退職金として取り扱うことができます(法基通9-2-32)。

　一方で、引き続き法人の経営上主要な地位を占めていると認定された場合には、税務上は退職金とは認められません。

　具体的には、次のような事実の有無を総合勘案して、退職の実態の有無が判断されます。

- 稟議書、決済書に押印している
- 取締役会や経営会議の場面で重要な事項の決定に関与している
- 資金調達など、金融機関との折衝などにおいて一定の役割を果たしている
- 重要顧客との接待対応を担当している
- 従業員給与・賞与などの人事評価に関与している
- 分掌変更後における給与が激減(おおむね50%以上減少)している
- 常勤取締役から非常勤取締役、取締役から監査役になったこと

　分掌変更退職金を支給し、役員退職の実態がないと認定された場合、税務上は役員賞与と取り扱われます。非常に影響が大きいものとなるため、退職の事実認定には特に注意が必要です。

税　目	役員退職金	役員賞与とされた場合
法　人　税	役員退職金＝過大役員退職給与でなければ損金算入	役員給与＝定期同額給与等以外の給与として損金不算入
所　得　税	退職所得（分離課税）	給与所得（総合課税）
源泉所得税	退職給与に係る源泉徴収	給与所得の源泉徴収＝源泉徴収漏れ

③ リタイアメント・プランの作成

　事業承継対策を考えるうえでは、事前のリタイアメント・プランの作成が必要不可欠ですが、Yのように後継者へのバトンタッチ後も会長や顧問に就くことを検討している場合は、特に重要になります。

　経営者としての影響力が大きければ大きいほど、経営から退いた後も後継者や他の役員・従業員が会長を頼りにするなど、後継者が経営者としてひとり立ちできなくなるリスクがあります。後継者へのバトンタッチの時期はもちろんのこと、会長としての会社への関与の仕方や報酬、会長職の引退時期も事前に決めておき、それを後継者や他の役員などにも認識させ、相互に理解し合うことが重要です。

　また、Yは現在65歳とのことですが、「人生100年時代」といわれる現代では、経営を退いた引退後の人生を長く楽しく過ごす工夫と準備が必要になるでしょう。引退後の生活資金の確保や自身の相続による相続税等の納税資金対策を考えなければなりませんが、それだけではなく、趣味や引退後の夢の実現、自身の介護など、自分らしく幸せな第2の人生を歩むためのプランを立てましょう。

④ 結論

　役員退職金の税務上のポイントは適正金額の把握と、分掌変更退職金については退職の実態を持つことでしたが、株価の引下げや節税策など税務上の取り扱いだけにとらわれてはいけません。代表取締役又は会長としての引退時期、後継者の育成や自社株の承継方法、自身の第2の人生など、中長期的なリタイアメント・プランの作成についても事業承継対策の1つとして考えることが重要です。

24 筆頭株主の譲渡等により原則的評価となる株主への対応

相談内容

　私Ｅは、製造業を営むＦ社で代表取締役社長を務めています。当社は創業メンバーの3名（Ａ・Ｂ・Ｃ）が脱サラして設立した製造業で、ABCの3名が均等に株式を保有したまま順調に規模を拡大してきました。

　私は当社の創業メンバー3名（Ａ・Ｂ・Ｃ）と親族関係にはありませんが、設立直後から創業メンバーの3名を支えてきた功績が認められ、Ｆ社の経営を託されることになりました。

　当社は、上記の通り、創業メンバー3名が均等に株式を保有していた関係で、創業メンバーそれぞれの退任に合わせて資本政策の見直しを迫られてきました。

　最初に創業メンバーＣが当社を退任した際には、Ｃが保有する株式を後任の取締役に就任した私Ｅが5％、それ以外の28％を当社の従業員持株会が譲り受けました。

　創業メンバーＢは、当社の経営に関与していないＢの子Ｄ氏に全株を相続させ、将来にわたってＤ氏が配当収入を得られることを望んでいましたが、顧問税理士が議決権割合を30％未満に引き下げれば配当還元価額による相続が可能となることを提案してくれたおかげで、私Ｅが5％分の株式をＢから引き取り、Ｂの議決権割合を3分の1未満に引き下げ、その後Ｂは亡くなりました。

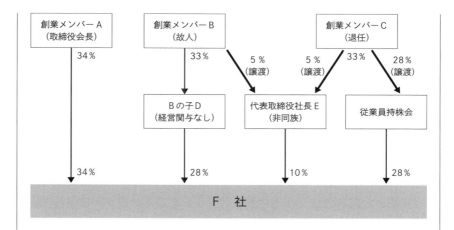

そして、まもなく最後の創業メンバー A の退任時期が近づいています。A は当社の株式に固執することなく、当社が安定経営できるように経営陣や従業員持株会に株式を譲渡しても構わないと考えてくれているようです。

現在の筆頭株主である A が株式を手放した場合、当社は30％以上の株式を保有する同族株主のいない会社となり、筆頭株主となる D 氏が同族株主と同じ原則的評価になってしまうと顧問税理士から説明を受けました。D 氏は、筆頭株主といっても議決権の28％しか株式を保有しておらず、会社に経営権を主張したりできる株数ではありません。このような場合でも、D 氏が同族株主と同じ評価方法になってしまうのでしょうか。

D 氏は B からの相続時に配当還元価額により株式を相続しています。突然、株式の相続税評価額が高くなることについて、どのように説明すればよいでしょうか。

また、D 氏が原則的評価となることを回避するために、D 氏に対して当社から提案できることが何かあるでしょうか。

筆頭株主の株式譲渡等により、議決権の30%以上を保有する同族株主が存在しなくなる場合、これまで同族株主でなかった株主が、同族株主と同様の評価方式を採用しなければならなくなることがあります。

同族株主以外の株主として配当還元価額による承継（相続・贈与）を想定していた株主にとっては、株式の承継コスト（相続税・贈与税）の増加が大きな負担となりますが、発行会社の経営陣にとっては、各株主における相続税負担の軽減を大義名分に、株式の譲受けや新たな資本政策を提案する好機と捉えることができるかもしれません。

.... 解説 ....

 1 同族株主のいる会社

現在のF社は、創業メンバー Aが30%以上の議決権割合を保有しています。議決権の30%以上の株式を保有する「同族株主」が存在する場合、議決権割合が30%未満の株主は、財産評価基本通達に規定する「同族株主以外の株主等」となるため、D氏は比較的評価額が低くなる配当還元価額と呼ばれる評価方式により、株式の承継（相続・贈与）を行うことが可能です（財基通188－2）。

〈F 社の株主構成〉

株　主	議決権割合	同族株主判定	備　考
A（創業メンバー）	34%	同族株主	議決権割合 30%以上
D氏（Bの子）	28%	同族株主以外の株主	議決権割合 30%未満
E（社長）	10%		
従業員持株会	28%		
合　計	100%	―	―

同族株主のいる会社の株式の評価方式は次の通りです。

〈同族株主のいる会社の評価方式〉

株式取得者					評価方式
同族株主	中心的な同族株主がいる	中心的な同族株主			原則的評価
		中心的な同族株主以外	議決権割合が5%以上		
			議決権割合が5%未満	役員	
				その他	特例的評価
	中心的な同族株主がいない				原則的評価
同族株主以外の株主					特例的評価

出典：財産評価基本通達188（1）（2）をもとに筆者作成

◆「同族株主」とは、株主の1人及びその同族関係者の有する議決権数が、その会社の議決権総数の30％以上である場合におけるその株主及びその同族関係者をいいます。ただし、議決権総数の50％超を有する株主グループが存在する場合は、その株主グループだけが同族株主となります（財基通188（1））。

◆「中心的な同族株主」とは、同族株主の1人並びにその株主の配偶者、直系血族、兄弟姉妹及び1親等の姻族(これらの者の同族関係者である会社のうち、これらの者が有する議決権の合計数がその会社の議決権総数の25％以上である会社を含みます)の有する議決権の合計数がその会社の議決権総数の25％以上である場合におけるその株主をいいます(財基通188（2）)。

② 同族株主のいない会社

　Aが退任にあたって保有株式のすべてを複数の役員に譲渡した場合、F社には議決権の30％以上の株式を保有する「同族株主」が存在しなくなります。

　この場合、議決権割合が15％以上の株主は、財産評価基本通達に規定する「中心的な株主」となるため、D氏が株式の承継(相続・贈与)を行う場合

は配当還元価額ではなく、原則的評価と呼ばれる同族株主等と同じ評価方式によることになります(財基通178)。

〈F社の株主構成〉

株　主	議決権割合	同族株主判定	備　考
D氏(Bの子)	28%	中心的な株主	議決権割合 15%以上
E(社長)	14%	中心的な株主以外の株主	議決権割合 15%未満
役員G	10%		
役員H	10%		
役員I	10%		
従業員持株会	28%		各会員が5%未満
合　計	100%	―	―

(注) 従業員持株会については、構成員である各従業員の議決権割合が5%未満と小さいこと。「同一の内容の議決権を行使することに同意している者」(財基通188（1）に引用する法令4⑥)に該当しないように留意した会員規約に基づく運営が行われている前提で「中心的な株主」に該当しないものと取り扱っています。

　同族株主のいない会社の株式の評価方式は次の通りです。

〈同族株主のいない会社の評価方式〉

株式取得者				評価方式
同族関係者と合計した議決権割合が15%以上	中心的な株主がいる	中心的な株主		原則的評価
		中心的な株主以外	議決権割合が5%以上	
			議決権割合が5%未満　役員	
			その他	特例的評価
	中心的な株主がいない			原則的評価
同族関係者と合計した議決権割合が15%未満				特例的評価

出典：財産評価基本通達188（3）（4）をもとに筆者作成

◆「中心的な株主」とは、株主の1人及びその同族関係者の有する議決権数が、その会社の議決権総数の15％以上である株主グループのうち、いず

れかのグループに単独で10％以上の議決権を有している株主が存在する場合におけるその株主をいいます（財基通188（4））。

 D氏に提案可能な資本政策の一例

（1）株式の譲渡

同族株主のいない会社において、すべての株主の議決権割合が15％未満である場合には、株主全員が配当還元価額によることが可能となります。したがって、D氏の議決権割合が15％未満となるように他の株主への譲渡を提案することが現実的です。

自己株式による株式取得を検討する際には、総議決権数が減少することにより他の株主の議決権割合が増加することになるため、他の株主が15％以上の議決権割合にならないように注意が必要です。

〈F社の株主構成〉

株　　主	議決権割合	同族株主判定	備　　考
D氏（Bの子）	14％	中心的な株主以外の株主	議決権割合 15％未満
E（社長）	14％		
役員G	14％		
役員H	10％		
役員I	10％		
役員J	10％		
従業員持株会	28％		各会員が5％未満
合　　計	100％	―	―

（2）議決権制限株式への変更

同族株主判定は、保有株数による判定ではなく、議決権数により行われます。したがって、D氏の株式保有目的が配当の受領であるならば、D氏の保有株式を議決権制限株式（無議決権株式）に変更することもD氏に対する原

則的評価を回避するための一案でしょう。

　ただし、D氏の保有株式を議決権制限株式に変更した場合、他の株主の議決権割合が相対的に増加することになるため、自己株式による場合と同様、他の株主が15%以上の議決権割合にならないように注意が必要です。

〈F社の株主構成〉

株　主	議決権割合	同族株主判定	備　考
D氏 (Bの子)	0%	中心的な株主以外の株主	議決権割合 15%未満
E (社長)	19%	中心的な株主	議決権割合 15%以上
役員G	14%	中心的な株主以外の株主	議決権割合 15%未満
役員H	14%		
役員I	14%		
従業員持株会	39%		各会員が5%未満
合　計	100%	―	―

 結論

　発行会社の経営陣としては、株主に対して意図せぬ税負担が生じることのないよう、新たに原則的評価の対象となる株主に対して、議決権割合の引下げや資本政策の見直しについて提案することが必要でしょう。

有価証券評価損の税務上の取り扱いと事業承継

相談内容

　私Gは60歳の会社経営者です。食品加工業Y社を経営し、100％の株式を保有しています。Y社は取引強化のために取引先の上場会社株式を複数社保有していますが、新型コロナウイルスによる経済の混乱により、株価が大幅に下落しました。

　また、当社には飲食業を行う子会社Z（Y社が90％株式を保有）がありますが、年明け以降の外国人観光客の減少、さらには外出自粛の影響を受け、大幅な赤字となり、債務超過となってしまいました。Y社の決算期は5月、Z社は3月決算であり、Y社の2020年5月期の決算において、以下の通り、特別損失として有価証券評価損を計上しようと考えています。

	取得価額 （1株当たり金額）	時価 （1株当たり金額）	有価証券評価損	下落率(%)
A社（上場会社） 5,000株所有	50,000,000円 (@10,000円)	20,000,000円 (@4,000円)	-30,000,000円	60.0%
B社（上場会社） 500株所有	30,000,000円 (@60,000円)	20,000,000円 (@40,000円)	-10,000,000円	33.3%
C社（上場会社） 10,000株所有	65,000,000円 (@6,500円)	30,000,000円 (@3,000円)	-35,000,000円	53.8%
Z社（子会社） 800株所有	80,000,000円 (@100,000円)	800円 (@1円)	-79,999,200円	99.9%
合計			-154,999,200円	

　ところで、会計において有価証券評価損を計上した時、法人税において損金算入することはできるのでしょうか。法人税法では、評価損は損

金として認められないと聞いたことがあります。また、子会社株式も法人税法上の損金とすることは可能でしょうか。

　今後も大変厳しい経済状況が続くと想定していますので、法に則った範囲で税金を抑えられればと考えています。

解決へのヒント

　有価証券の価額が著しく低下した場合は、上場・非上場にかかわらず一定の条件に該当すれば、その評価損は損金算入が認められます。その適否は個別の銘柄ごとに判定します。

解説

　法人税法は資産の評価損の計上を原則として認めていませんが、例外として資産に著しい損傷や政令で定める事実が生じた場合に、その損金経理した金額を損金算入することを認めています（法法33②）。

　有価証券の評価損は法人税法施行令68条1項2号に定められていますが、「有価証券の価額が著しく低下したこと」と抽象的な表現となっているため、具体的な判定基準は法人税基本通達9−1−7、9−1−9等に定められています。

 1 上場有価証券の評価損

　上場有価証券の「著しい価額の低下」とは、以下2点に該当するものをいいます（法基通9−1−7）。

①事業年度終了時に有価証券の価額がその帳簿価額のおおむね50％相当額を下回ること

　　かつ

②近い将来その価額の回復が見込まれないこと

　平成21年より以前は、上記②の「近い将来その価額の回復が見込まれないこと」をどのように判断するかについて実務上の判断指針がなく、有価証券の評価損を損金とすることに躊躇する実務家も多くいました。しかし、平成21年に国税庁が「上場有価証券の評価損に関するQ&A」を公表したことにより、その判断基準が明確になりました。

　そのQ&Aには、「法人の側から過去の市場価格の推移や市場環境の動向、発行法人の業況等を総合的に勘案した合理的な判断基準が示される限りにおいては、税務上はその判断基準を尊重する」とあります（［Q1］の［解説］（3））。

　したがって、今回の事例ではA社とC社が上記①に該当しますので、各社ごとにその回復可能性を法人が判断して、損金算入するかどうかを判定します。

　法人自らが判断することが困難な場合は、証券アナリストによる個別銘柄別・業種別分析等や株式発行法人に関する企業情報など、第三者による根拠の提示も合理的な判断とされています。

② 上場有価証券等以外の有価証券評価損

　非上場有価証券の評価損を計上できる事実としては、その会社の1株当たりの純資産価額が当該有価証券を取得した時の1株当たりの純資産価額に比しておおむね50％以上下回ることとなったことが挙げられています（法令68①二ロ、法基通9−1−9（2））。

　そして、その判定については、上場有価証券の著しい価額の低下の判定を示した法人税基本通達9−1−7を準用することになっています（法基通9−1−11）。

　今回の事例において、Z社は債務超過になっていることから、1株当たりの純資産価額が取得価額の50％以下になっています。次に、当該非上場有価証券の回復可能性の判定ですが、「近い将来その価額の回復する見込み

がないこと」を合理的に説明できるようにしておく必要があります。

　例えば、以下のような点を説明すれば、「近い将来その価額の回復する見込みがない」に該当すると考えます。

①休業要請により4月の売上高がゼロとなった
②インバウンド需要を期待していたオリンピックが1年後に延期となり、期待していた売上げが見込めなくなった
③新型コロナウイルスの感染が落ち着いたとしても、しばらくは感染予防の観点から人の動きが鈍くなると予想され、すぐに売上げが戻るとは考えられない

③ 結論

　ご質問のY社の法人税の申告において、評価損を損金にすることができる可能性があるのは、A社、C社、Z社となります。損金処理する場合は、将来の税務調査に備えて「近い将来その価額の回復する見込みがない」と判断した証拠を残しておきましょう。

　新型コロナウイルスによる世界中の経済が混乱する中、経営者は会社、取引先、従業員を守るため、資金繰り等様々な対策を打っていることと推察します。その対策の1つとして、法人税においても損金算入できるものがあるかどうか積極的に検討すべきです。

　そして、この混乱が落ち着いたときに、一度会社の株価の試算を顧問税理士に依頼してください。今後、類似業種比準価額の3種類の比準要素や不動産の価格調整により、以前よりは会社の株価が下がる可能性があるため、後継者への株式移転の好機となり得ます。

26 増資時の「取引相場のない 株式の評価」及び「会社の 税額」に与える影響

相談内容

　私は、40年前にA社を設立後、製造業を営むA社の社長として経営
をしてきました。設立以来、私がA社株式のすべてを所有しており、株
式上場を考えたことはありませんでした。

【A社の直前期の情報】

	売上	課税所得	総資産	資本金等	純資産	従業員数
A社	10億円	0.1億円	50億円	1億円	25億円	100人

　昨今の経営成績は、売上規模や業種を考えると収益性が低い状況が続
いています。ただし、創業より無配当の方針であったことから純資産は
潤沢です。

　私は今年70歳を迎えましたが、息子が副社長として10年以上私を支え
てくれていますので、近い将来、息子に全株式を贈与し事業を承継しよ
うと考えています。

　そのような中、副社長の発案により、収益性改善を目的とした10億円
超のIT事業投資が取締役会で決議され、ファイナンスについては私の手
元資金から10億円の増資を行うこととなりました。

　本件増資により、今後の事業承継等で留意すべきことはありますで
しょうか。

(1)類似業種比準価額の算定では、1株当たりの「配当金額」、「利益金額」、「純資産価額(簿価)」が計算要素となります。その際は、実際の株式数ではなく「1株当たりの資本金等の額を50円とした場合の株式数」により算定します。

(2)会社が負担する地方税(住民税均等割、外形標準課税)及び法人税(留保金課税、中小企業特例)に与える影響を考慮する必要があります。

―――――――――――――――――――――――――― 解説 ――――――――――――――――――――――――――

① 取引相場のない株式の評価

　非上場会社の同族株主等が保有する株式の評価は、財産評価基本通達の「取引相場のない株式の評価」の原則的評価方式によります。具体的には、①類似業種比準価額方式、②純資産価額方式、③併用方式(①と②の併用)のいずれかの方法により評価することになります。どの方法を適用するかは、評価会社の会社規模(資産価額、従業員数及び取引金額)や評価会社が「特定の評価会社」に該当するかにより決定されます(財基通178 ～ 189-7)。

　なお、A社は製造業なので、次の「卸売業、小売・サービス業以外」の判定基準によります。

　また、A社は無配であり、課税所得がゼロ以下になったときは、比準要素数1の会社になります。

会社規模	判定基準		評価方法 (いずれか低い価額)
	従業員数	取引金額等 (従業員数70人未満)	
大会社	従業員数70人以上	取引金額15億円以上 又は 総資産価額15億円以上 かつ従業員数35人超	①類似業種比準価額 ②純資産価額
中会社	従業員数70人未満	上記基準より大会社に該当 しない会社は、「取引金額 等」一定の基準により会社 区分を判定	①併用価額 ②純資産価額
小会社			

〈特定の評価会社〉

比準要素数1の会社	評価方法 (いずれか低い価額)
「比準要素数1の会社」とは、比準要素である「配当金額」、「利益金額」及び「純資産価額(簿価)」のうち直前期末の比準要素のいずれか2つがゼロであり、かつ、直前々期末の比準要素のいずれか2つ以上がゼロである会社をいう	①併用価額(類似業種比準価額×25%+純資産価額×75%) ②純資産価額

② 増資による社長の財産評価に与える効果

　A社の従業員(現状100人)は70人以上であるため「大会社」に該当し、類似業種比準価額による株式評価を行うことになります。

　増資により、社長個人の手元預金10億円がA社株式に変わりますが、通常、類似業種比準価額は純資産価額より低くなることが多く、結果として社長の個人財産の相続税評価額(現預金+A社株式)は増資により大きく引き下げられる可能性があります。

③ 増資による株価評価に与える影響

　増資により、特定の評価会社のうち「比準要素数1の会社」に該当する可能性については、留意が必要です。

　本件増資後の資本金等は11億円（1億円＋増資額10億円）となり、比準要素を算定する株式数は22,000,000株（11億円 ÷ 50円）となります。

　A社は収益性の低い状況が続き、直前期の課税所得は0.1億円です。本件投資後も収益性が改善せず直前期の水準が継続した場合、比準要素のうち「利益金額」が0円となり（「利益金額」は1円未満切捨）、「比準要素数1の会社」に該当する可能性があります。

　「比準要素数1の会社」の株価算定では純資産価額の75％を加味する必要があり、類似業種比準価額のみによる株式評価を行うことはできません。結果として株価は高くなることが一般的です。

　なお、A社の純資産は潤沢ですので、「比準要素数1の会社」に該当するのを回避するために配当を行うことは、一考の余地があります。具体的には増資後に約500万円の配当を行うと、「配当金額」の比準要素を確保することができます。

　ただし、配当を行い、かつ収益性が改善した場合は、株式評価の3つの比準要素（「配当金額」、「利益金額」及び「純資産価額（簿価）」）が高水準となり、一般的に株価は上昇しますので留意する必要があります。

④ 増資による会社税額に与える影響

　資本金等の増加により住民税均等割が増加することがあります。本件では、資本金等の区分が「1,000万円超〜 1億円以下」から「10億円超〜 50億円以下」に該当することとなり、支店数、従業者数によっては住民税均等割に大きな影響が生じる可能性があります。例えば、東京（23区内に本店所在、支店なし）を前提とすると、住民税均等割が20万円から229万円と年額209万

円の増額となります。

　また、増資により資本金が1億円超となる場合、事業税の税率変更、外形標準課税の適用があり、特定同族会社の留保金課税が適用されることがあります。これらの影響を除外するために、増資と同時に無償減資を行い資本金を1億円まで減らすことが考えられます。

⑤ 結論

　増資は、「類似業種比準価額」算定上の株式数（1株当たりの資本金等の額を50円とした場合の株式数）を増加させます。A社のように収益性が低く、増資によって「利益金額」の比準要素が0円となった場合は株式評価に影響が生じます。

　増資後、「利益金額」の比準要素を確保できるならば、社長の個人財産である預金がA社株式に形を変えることで一定の相続・事業承継対策になる可能性があります。対して、想定以上に収益性が改善した、もしくは配当を行い「配当金額」及び「利益金額」の比準要素が生じた場合は、A社の株価は上昇に転じる可能性があります。

　したがって、本件増資は、今後の収益性改善予測及び配当政策、住民税均等割増税額を考慮する必要があります。

　なお、「外形標準課税」や「特定同族会社の留保金課税」を適用除外とするため、増資と同時に無償減資の手続きを行い資本金の額を1億円まで減らす場合において、減資に際しては「株主総会の決議」及び「債権者保護手続」に一定期間が必要となりますので、留意が必要です。

会社規模の変更による株価対策

27

相談内容

　私はオフィスビルの管理・清掃業を営むB社を経営しています。近い将来、長男のF専務への事業承継を考えているのですが、顧問税理士からは株価対策を行ってからB社株式を贈与した方がよいとのアドバイスを受けています。

　当社は利益体質の会社ではないのですが、昔から保有している土地の含み益が非常に大きく、類似業種比準価額方式よりも純資産価額方式による株価のほうが高くなっています。

　当社は、従業員数35人、総資産価額（帳簿価額）14億円、売上高4億5,000万円の中小企業ですが、会社規模は中会社の中（L＝0.75）となり、株価の4分の1を純資産価額で算定しなければならないようです。

　金融機関からも少し工夫すれば会社規模の区分を引き上げることができそうなので、株価対策を検討してはどうかと提案されています。株価対策として、どのような方法が考えられるでしょうか。

解決へのヒント

　非上場株式の評価においては、会社規模が上位の区分になるほど類似業種比準価額を採用できる割合が大きくなります。したがって、類似業種比準価額よりも純資産価額の株価が高い会社においては、会社規模をより上位の区分に引き上げることが株価対策として有効です。

　会社規模の判定は、総資産価額（帳簿価額）、従業員数、取引金額により

行われるため、これらの要素を増加させることがポイントになります。

.... 解説 ....

 評価対象会社の規模に応じた評価方式

　同族株主等が非上場株式を贈与・相続により取得する場合の評価は、評価対象会社の規模に応じて類似業種比準価額方式、純資産価額方式及びこれらの方式を併せた併用方式により行われます(財基通178、179)。

　評価対象会社の会社規模が上位の区分になるほど類似業種比準価額を採用できる割合が大きくなるため、純資産価額が類似業種比準価額の株価より高い会社においては、会社規模を上位の区分に引き上げて類似業種比準価額の割合を増やすことが、株価の引き下げにつながります。

図1：評価会社の規模に応じた評価方式

規模区分	評価方式
大会社	類似業種比準価額方式 (純資産価額方式も選択可能)
中会社	併用方式：類似業種比準価額 × L ＋ 純資産価額 × （1 － L）[※] (純資産価額方式も選択可能)
小会社	純資産価額方式 (類似業種比準価額 × 0.5 ＋ 純資産価額 × （1 － 0.5）も選択可能)

(※) 算式中の「L」は、評価対象会社の総資産価額及び従業員数又は取引金額に応じて3つに区分され、0.9／0.75／0.6のいずれかとなります。

②　会社規模の判定

　会社規模の判定において、従業員数が70人以上の会社は、評価対象会社の業種、総資産価額や取引金額に関係なく大会社に該当することになり

ます。一方、従業員数が70人未満の会社においては、総資産価額(帳簿価額)、従業員数、取引金額の多寡により会社規模の区分を判定します(図2参照)。

図2：会社規模の判定表

規模区分	区分の内容		総資産価額(帳簿価額によって計算した金額)及び従業員数	直前期末以前1年間における取引金額
大会社	従業員数が70人以上の会社又は右のいずれかに該当する会社	卸売業	20億円以上 (従業員数が35人以下の会社を除く)	30億円以上
		小売・サービス業	15億円以上 (従業員数が35人以下の会社を除く)	20億円以上
		卸売業、小売・サービス業以外	15億円以上 (従業員数が35人以下の会社を除く)	15億円以上
中会社	従業員数が70人未満の会社で右のいずれかに該当する会社(大会社に該当する場合を除く)	卸売業	7,000万円以上 (従業員数が5人以下の会社を除く)	2億円以上 30億円未満
		小売・サービス業	4,000万円以上 (従業員数が5人以下の会社を除く)	6,000万円以上 20億円未満
		卸売業、小売・サービス業以外	5,000万円以上 (従業員数が5人以下の会社を除く)	8,000万円以上 15億円未満
小会社	従業員数が70人未満の会社で右のいずれにも該当する会社	卸売業	7,000万円未満又は従業員数が5人以下	2億円未満
		小売・サービス業	4,000万円未満又は従業員数が5人以下	6,000万円未満
		卸売業、小売・サービス業以外	5,000万円未満又は従業員数が5人以下	8,000万円未満

出典：財産評価基本通達178

　評価対象会社の会社規模は、①総資産価額(帳簿価額)又は従業員数のいずれか下位の区分と、②取引金額の区分とのいずれか上位の区分により判定されます。株価対策として会社規模区分の引き上げを検討する際には、「取引相場のない株式(出資)の評価明細書」(図3)を用いて、総資産価額(帳簿価額)、従業員数、取引金額のうち、どの項目を増加すれば会社規模の区分を引き上げることができるのか、確認することをお勧めします。

図3：会社規模の判定の明細書

	直前期末以前1年間における従業員数に応ずる区分				70人以上の会社は、大会社（①及び②は不要）70人未満の会社は、①及び②により判定			
	①直前期末の総資産価額（帳簿価額）及び直前期末以前1年間における従業員数に応ずる区分				②直前期末以前1年間の取引金額に応ずる区分			会社規模とLの割合（中会社）の区分
	総資産価額（帳簿価額）			従業員数	取引金額			
判定基準	卸売業	小売・サービス業	卸売業、小売・サービス業以外	従業員数	卸売業	小売・サービス業	卸売業、小売・サービス業以外	
	20億円以上	15億円以上	15億円以上	35人超	30億円以上	20億円以上	15億円以上	大会社
	4億円以上20億円未満	5億円以上15億円未満	5億円以上15億円未満	35人超	7億円以上30億円未満	5億円以上20億円未満	4億円以上15億円未満	0.90 中会社
	2億円以上4億円未満	2億5,000万円以上5億円未満	2億5,000万円以上5億円未満	20人超35人以下	3億5,000万円以上7億円未満	2億5,000万円以上5億円未満	2億円以上4億円未満	0.75 中会社
	7,000万円以上2億円未満	4,000万円以上2億5,000万円未満	5,000万円以上2億5,000万円未満	5人超20人以下	2億円以上3億5,000万円未満	6,000万円以上2億5,000万円未満	8,000万円以上2億円未満	0.60 中会社
	7,000万円未満	4,000万円未満	5,000万円未満	5人以下	2億円未満	6,000万円未満	8,000万円未満	小会社

「会社規模とＬの割合（中会社）の区分」欄は、①欄の区分（「総資産価額（帳簿価額）」と「従業員数」とのいずれか下位の区分）と②欄（取引金額）の区分とのいずれか上位の区分により判定します。

出典：取引相場のない株式（出資）の評価明細書（第1表の2）を抜粋、筆者加工

③ 中会社における株価対策の検討

　B社の会社規模をより上位の区分に引き上げて純資産価額の影響を小さくする（類似業種比準価額を採用できる割合を増やす）ためには、次のような対策が考えられます。

（１）総資産価額（帳簿価額）及び従業員数に応ずる区分

　直前期末の総資産価額（帳簿価額）及び直前期末以前1年間における従業員数に応ずる区分は、いずれか下位の区分を選択することになりますので、総資産価額と帳簿価額のうち下位の区分にある指標を増やすような対策を検討すべきです。また、取引金額に応ずる区分（下記（２））と比較して、いずれか上位の区分を選択することになりますので、（１）及び（２）のどちらの

対策を優先的に行うかの検討も必要でしょう。

　B社の場合、従業員数を増やして35人超とすることができれば、中会社の中(L=0.75)から中会社の大(L=0.9)に区分を引き上げることが可能です。

　さらに、従業員数の増加に加えて、設備投資や賃貸用不動産の取得を行って総資産価額を15億円以上にすることができれば、中会社の大(L=0.9)から大会社に区分を引き上げることが可能です。

図4：総資産価額及び従業員数に応ずる区分

卸売業	小売・サービス業	卸売業、小売・サービス業以外	割合
4億円以上 (従業員数が35人以下の会社を除く)	5億円以上 (従業員数が35人以下の会社を除く)	5億円以上 (従業員数が35人以下の会社を除く)	0.90
2億円以上 (従業員数が20人以下の会社を除く)	2億5,000万円以上 (従業員数が20人以下の会社を除く)	2億5,000万円以上 (従業員数が20人以下の会社を除く)	0.75
7,000万円以上 (従業員数が5人以下の会社を除く)	4,000万円以上 (従業員数が5人以下の会社を除く)	5,000万円以上 (従業員数が5人以下の会社を除く)	0.60

出典：財産評価基本通達179（2）イ

（2）取引金額に応ずる区分

　直前期末以前1年間の取引金額に応ずる区分は、上記（1）と比較して、いずれか上位の区分を選択することになります。したがって、取引金額を増やすことができれば、総資産価額や従業員数の影響を受けることなく会社規模の区分を引き上げることが可能です。

　B社の場合、本業の売上高を増加させるか、あるいは、賃貸用不動産の取得等により受取賃借料の額を増加させて、取引金額を5億円以上にすることができれば、中会社の中(L=0.75)から中会社の大(L=0.9)に区分を引き上げることが可能です。

　取引金額は、「その期間における評価会社の目的とする事業に係る収入金

額」とされていますので、事業といえない小規模なものや、臨時的な収入は取引金額に含めることができない点に留意が必要です（財基通178）。

図5：取引金額に応ずる区分

卸売業	小売・サービス業	卸売業、小売・サービス業以外	割合
7億円以上30億円未満	5億円以上20億円未満	4億円以上15億円未満	0.90
3億5,000万円以上7億円未満	2億5,000万円以上5億円未満	2億円以上4億円未満	0.75
2億円以上3億5,000万円未満	6,000万円以上2億5,000万円未満	8,000万円以上2億円未満	0.60

出典：財財産評価基本通達179（2）ロ

④ 結論

　類似業種比準価額よりも純資産価額の株価が高い会社においては、総資産価額、従業員数、取引金額を増やして類似業種比準価額を採用できる割合を大きくすることが株価の引き下げにつながります。

　グループ会社がある場合は、子会社を合併して総資産価額、従業員数、取引金額を増加させる方法も検討に値すると考えます。ただし、合併を行った場合には、類似業種比準価額が株価として採用できない期間が生ずるなどの課題もあるため、検討にあたっては慎重な判断が必要でしょう（詳細は「㉜　合併した場合の「取引相場のない株式の評価」への影響」（193ページ）を参照）。

組織再編

28 持株会社化の手法
（株式交換と株式譲渡）

相談内容

　私 X は A 社（製造販売業）と B 社（卸売業）を創業し、現在も両社の株式の100％を所有しています。A 社は他社との差別化により収益性が高いのですが、B 社は薄利多売で収益性は業界平均を下回ります。ただし、B 社には様々な取引先との取引実績があり営業力が強みです。

　なお、私には20代の息子がいますが、将来の事業承継を見据えて、これまで別会社として経営してきた A 社と B 社の統合により、グループ価値の向上を目指していきたいと考えています（ただし、両社は業法の関係で合併はできません）。

　また、私 X は引退後には個人での不動産投資を検討しており、投資資金を A 社・B 社から捻出する予定です。

　具体的な検討はこれからですが、どのような手法がよいでしょうか。

　A 社と B 社の現状は下記の通りです。

	売上	課税所得	総資産	資本金	従業員数
A 社（製造販売業）	15億円	2億円	15億円	0.1億円	50人
B 社（卸　売　業）	10億円	0.1億円	10億円	0.1億円	10人

解決へのヒント

（1）合併ができない場合は、親子会社関係にする（持株会社化）という方法があります。

（2）持株会社化する一般的な方法として、株式交換や株式譲渡があります。

（3）適格株式交換の場合、Ｘの株式譲渡益に対して課税の繰延べができ、また資金負担なく持株会社化できます。

（4）株式譲渡の場合、株式購入資金の手当てが必要であり、株式譲渡益に対して所得税及び復興特別所得税、住民税（以下、「所得税等」とする）が生じます。しかし、資金確保の方法の中では、税効率はよいといえます。

・・・・・・・・・・・・・・・・・・・・・・・・・・・・・・ 解説 ・・・・・・・・・・・・・・・・・・・・・・・・・・・・・・

① 適格株式交換と株式譲渡の比較

株式交換とは、会社が発行済株式の全部を他の会社に取得させることをいい（会2）、税制の一定要件を満たす場合、「適格株式交換」とされます。

100％の「株式譲渡」と比較すると、次のようになります。

	子法人株主への株式譲渡益課税	完全子法人での譲渡損益計上	完全親法人での子法人株式の取得価額
適格株式交換（金銭交付なし）	課税の繰延べ	不　要	株主の帳簿価額を引継ぎ（株主50人未満前提）
株式譲渡	譲渡所得税等（税率：約20％）	―	株式の購入代価

② 将来の事業承継の観点から

〈持株会社化前の各社の株式評価額〉

	規模区分[※]	類似業種比準価額	純資産価額	相続税評価額
Ａ社株式（製造販売業）	大会社	10億円	10億円	10億円
Ｂ社株式（卸　売　業）	中会社の大	1億円	5億円	1.4億円

〈持株会社化の手法〉

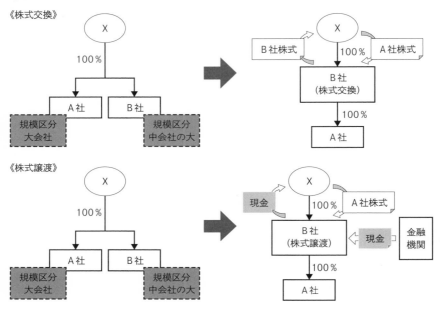

《株式交換》

《株式譲渡》

　このように相続税評価額の高いA社をB社の100%子会社とする持株会社化（株式交換・株式譲渡）を行うことが考えられます。

　これにより、B社株式の純資産価額評価において、A社株式の将来の評価益（含み益）に対して37%（法人税額等相当額）を控除することができます。

　また、持株会社化は、お互いの強みを強化し適正な人員配置をすることで、様々なシナジー効果を期待できます。例えばA社製品を営業力のあるB社で販売することによりB社売上高が30億円以上となった場合、B社は財産評価基本通達178における「大会社」[※]に該当し、その株式は類似業種比準価額により評価されることとなります。

　結果的にB社株式の類似業種比準価額のみでB社グループの相続税評価額を算定することになり、将来の事業承継コスト（承継時の贈与税等）を現状より下げられる可能性が高くなります（A社株式の株式評価額切断効果）。

（※）取引相場のない株式の評価上の区分（財基通178：一部抜粋）

	区分の内容	従業員数を加味した総資産基準	取引高基準
大会社	卸売業	20億円以上 （従業員数35人以下の会社除く）	30億円以上
	卸売業、小売・サービス業以外	15億円以上 （従業員数35人以下の会社除く）	15億円以上
中会社	卸売業	0.7億円以上 （従業員数5人以下の会社除く）	2億円以上 30億円未満
	卸売業、小売・サービス業以外	0.5億円以上 （従業員数5人以下の会社除く）	8,000万円以上 15億円未満

(注) 従業員数が70人未満の会社については、上表内の「従業員数を加味した総資産基準」と「取引高基準」により判定し、いずれか大きい方の会社規模により取引相場のない株式の評価を行います。

3 株式譲渡による株式の現金化

《株式譲渡収入》

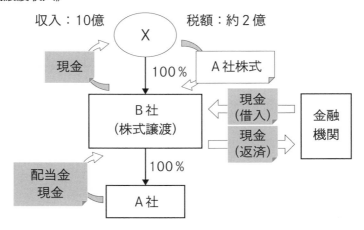

《株式譲渡収入》の方法による持株会社化の場合は、株式を税効率良く現金化できます。

A社株式譲渡価額を純資産価額の10億円とした場合、B社はA社株式購入資金10億円を金融機関からの融資で賄います。借入金の返済資金には、

その後のA社からB社への配当金（受取配当の益金不算入により無税）を充当します。

　XがB社から10億円のA社株式譲渡対価を収受した場合は、譲渡所得税等が約2億円（税率：約20%）生じ、手元に残る金額は約8億円となります。

《株式交換後に給与収入》

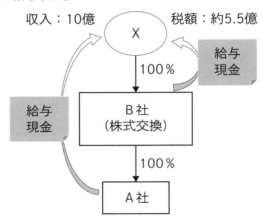

　対して、《株式交換後に給与収入》の手法で株式交換後にB社グループから10億円（株式譲渡対価と同額）の給与をXが収受する際には、給与所得税等が約5.5億円（所得税等の最高税率：約55%）生じ、手元に残る金額は約4.5億円となります。

　このように、同じB社からXへの現金支払いであっても、株式譲渡の対価とするか、給与とするかにより、所得税等の負担は大きく異なります。

④ 結論

　本件の場合、将来の事業承継を見据えたA社とB社の持株会社化(株式交換・株式譲渡)によるグループ価値向上を目指すことで、結果的に事業承継コストを抑えられることが期待できます。

　なお、Xは不動産購入を検討しているとのことですので、持株会社化の手法としては株式交換よりも株式譲渡の方が、税効率良くXの手元現金を増加させることができます。

　ただし、株式譲渡の場合は資金繰りや金利負担の問題もありますので、その点は留意する必要があります。

29 親族外承継における分割型分割の活用

相談内容

　私は、汎用部品の製造業を営む S 社の社長 Y です。当社は創業オーナーで会長の M 氏が株式のすべてを保有しています。M 氏には息子がいますが、当社の経営には関与しておらず、M 氏も息子に事業を承継する意思がないことから、1年後を目途に非同族の私 Y が M 氏から株式を承継する方向で事業承継計画を検討しています。

　M 氏は、事業承継にあたって S 社株式の売却による多額の収入を得ることは望んでいません。一方で、S 社の保有資産のうち、M 氏が社宅として使用している土地・建物、社用車、安定収入が見込める賃貸アパートの承継を望んでおり、S 社からこれらの資産を分離して、M 氏が新たに設立する L 社に保有させたいと考えています。

【図1】M 氏の希望する会社形態

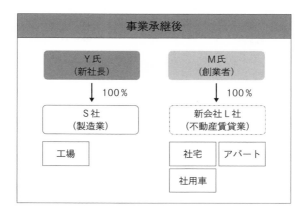

事業承継後

Y氏
(新社長)   M氏
(創業者)

↓ 100%   ↓ 100%

S社
(製造業)   新会社L社
(不動産賃貸業)

工場   社宅   アパート

社用車

　これらの資産をS社から切り離してL社に保有させることで、私Yが S社株式を取得する際の資金負担を抑えることができると思いますし、 M氏やご家族にとっても、法人で安定収入が見込めるこのような形態が よいのではないかと考えています。

　M氏の希望する資産をS社から切り離すにあたっては、私がM氏に S社株式の売買代金を支払い、その売買代金でS社から土地・建物、社 用車、賃貸アパートをM氏に取得してもらう方法がよいでしょうか。ま た、他に税負担を少なくできる方法はないでしょうか。

解決へのヒント

　会社が保有するオーナー経営者の個人的な財産（社宅や社用車など。以下、 「個人財産」という）を分割型分割によって別会社に承継する場合には、分割後 に分割法人（S社）の株式を譲渡する見込みであっても、含み益に対して課税 関係が生じることなく、帳簿価額により引き継ぐことが可能です。

　分割によりS社の資産が減少することで、後継者（Y氏）がS社株式の取得 に要する金銭的な負担も軽くなりますが、分割承継資産に担保設定がなさ れている場合や、債務の履行に支障を及ぼす可能性がある場合には、金融

機関をはじめとする債権者の理解を得るための協議（担保設定の解除や代替物件の提供等）が必要となるでしょう。

解説

① 親族外承継における個人財産の承継

（1）譲渡による場合

　非上場の同族会社が、親族外の役員・従業員の中から後継者を選定して事業承継を行う場合、オーナー経営者の個人財産の処遇が問題になりやすいところです。

　S社が保有する個人財産をM氏又はL社に譲渡する場合、不動産を譲渡するS社は含み益が固定資産売却益として実現するため、法人税が課税されることになります。

　また、Y氏がS社株式を先に取得する場合には、不動産の時価が株式の評価額にも反映されることになります。したがって、株式を譲渡するM氏には株式の売却益に対する譲渡所得税が余分に課税されることになりますし、S社から不動産（土地を除く）を時価で取得する際には消費税も負担しなければなりません。

（2）会社分割による場合

　【図2】のように、個人財産を分割型分割によりL社に切り離す場合には、会社分割後にS社の株式を譲渡する見込みであっても完全支配関係が継続しているものとして税制適格要件を満たすことが可能です。

【図2】分割型分割実行後の株式譲渡

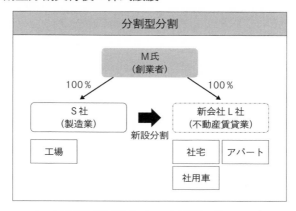

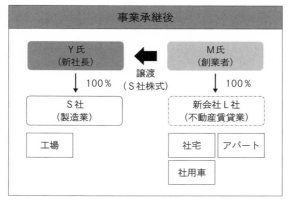

　平成29年度の税制改正により、分割法人(S社)の支配株主(M氏)が、分割承継法人(L社)の発行済株式の全部を直接又は間接に継続して保有することが見込まれていれば、分割後にS社の株式を継続保有する必要はなく、S社株式をY氏に譲渡することが見込まれていたとしても完全支配関係が継続しているものとして税制適格要件を満たすことになりました(法令4の3⑥二ハ(1))。

　したがって、M氏の希望する資産をL社が承継しても、S社やM氏に課税関係が生じることはなく、M氏は個人財産の承継により価値が減少したS社

株式の譲渡による所得税20.315％（所得税及び復興特別所得税15.315％、住民税5％）だけで課税関係が終了することになります。

② 不動産の移転コスト

会社分割においては、不動産の移転コスト(主に名義変更による登録免許税と不動産取得税)がなるべく生じないように分割承継資産を決定することが一般的です。

分割型分割により個人財産の承継を行う場合には、税制適格要件を満たすためにオーナーが株式を保有し続ける分割承継法人(L社)に個人財産を移転させる必要があります。したがって、不動産の移転コストについても留意が必要です。

①登録免許税

分割型分割により不動産を承継する場合、不動産を購入した場合と同様に固定資産税評価額の2％（1,000分の20）の登録免許税が課税されます(登免法9、同法別表第一の一(二)ハ)。

②不動産取得税

不動産を購入した場合には、固定資産税評価額の3％（非住宅の家屋については4％)の不動産取得税が課税されますが、以下の要件を満たす分割型分割については、不動産取得税が非課税となります(地法73の7第2号、地令37の14)。

- 分割対価資産として、分割承継法人の株式以外の資産が交付されないこと
- 当該株式が分割法人の株主等の有する当該分割法人の株式の数の割合に応じて交付されること
- 分割事業(分割法人の分割前に営む事業のうち、当該分割により分割承継法人において営まれることとなるもの)に係る主要な資産及び負債が分割承継法人に移転していること

- 分割事業が分割承継法人において引き続き営まれることが見込まれていること
- 分割事業に係る従業者のうち、その総数のおおむね100分の80以上に相当する数の者が分割承継法人の業務に従事することが見込まれていること

　本事例においては、分割事業である不動産賃貸業に係る主要な資産（社宅・賃貸アパート）が分割承継法人L社に移転して引き続き営まれる見込みであり、M氏が分割事業に係る従業者^(※)としてL社の業務に従事することが見込まれているため、不動産取得税の非課税要件を満たすことが可能です。

(※)「従業者」として認められる者とは、役員、使用人その他の者で、分割の直前において分割事業に現に従事していた者のことをいいます。また、M氏1名しか分割事業に従事していない場合、M氏が分割承継法人へ異動しているか、又はS社とL社の取締役を兼務していれば非課税要件が満たされます（出典：東京都主税局「会社分割に係る不動産取得税の非課税措置について」を筆者加工）。

③　結論

　親族外承継を行うにあたって、オーナーの個人財産を事業会社から移転させる必要があるときは、移転コストを抑えることができる分割型分割が有効な選択肢の1つといえるでしょう。

　S社が保有する個人財産を分割型分割でL社に承継すれば、社宅や賃貸アパートに含み益があってもS社やM氏に課税関係が生じることはなく、M氏はS社株式の譲渡所得に対する所得税と登録免許税の負担だけで、L社への個人財産の承継という希望を叶えることが可能です。

　ただし、分割承継法人（L社）に承継させたい個人財産に金融機関の担保設定がなされていたり、個人財産の分離により分割法人（S社）の債務の履行に支障を及ぼす可能性がある場合など、金融機関をはじめとする債権者の理解を得ることが難しい場合には再考が必要でしょう。

30 会社清算の注意点

　私は、飲食業を営んでいるY社（非上場会社）の社長Aです。Y社の株式は私が40％、私と妻が所有するX社が60％を所有しています。私には子供がいないため事業を親族内で承継せず、外部に売却しようと考えていましたが、会社の業績が新型コロナウイルスの影響により急激に悪化してしまい、今の状況では買い手が見つかりません。Y社の体力が少しでもあるうちに飲食業を廃業し、Y社を清算しようと検討し始めたところ、幸いにも、従業員は、知り合いの会社に転職できることとなりました。私自身は残ったX社からの役員報酬で生活していく予定です。

　Y社を清算する際の注意点として、どのようなことがあるかご教示ください。

【図】現在の資本関係とY社の財務状況

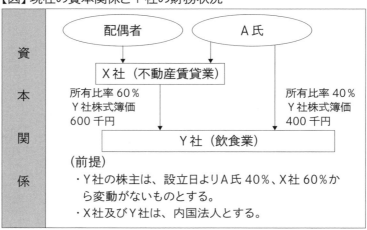

（前提）
・Y社の株主は、設立日よりA氏40％、X社60％から変動がないものとする。
・X社及びY社は、内国法人とする。

《Y社》	貸借対照表	（単位：千円）	
資産	51,000	負債	10,000
		純資産	
		資本金	1,000
		利益剰余金	40,000
資産計　51,000		負債・純資産計　51,000	

Y社の財務状況

（前提）
・資産及び負債の簿価＝時価
・資本金＝税務上の資本金等の額
・利益剰余金＝税務上の利益積立金額

解決へのヒント

〈会社側〉

　株主総会において解散の決議をした後、会社は清算手続きに入ります。

　会社の清算手続きは、資産を換金し負債を弁済して、株主へ分配する残余財産を確定させる行為であり、資産・負債において、次の手続きを行う必要があります。

● 資産：債権の取立て、不動産売却による現金化など

● 負債：債権者に対して弁済していない債務がないかの確認、債務の弁済（従業員との労働契約の終了手続き、担保設定の解除や代替物件の提供なども含む）

　また、清算する事業年度において欠損金が生じた場合、その前事業年度で税務上の所得が発生しているときは、欠損金の繰戻還付を活用することにより、税金の還付を受けることができます。

〈株主側〉

　残余財産がある場合、その分配額のうち利益積立金に相当する金額は、税務上、配当所得とみなされ、個人株主(A氏)においては非上場会社の配当所得として所得税(所得税及び復興特別所得税5.105%〜45.945%、住民税10%)が課され、法人株主(X社)においては受取配当金の益金不算入の適用後の配当所得に対して法人税(中小法人の実効税率：約35%)が課されます。

　このように、株主が個人の場合と法人の場合とで税率差があるため、株主の集約(個人株主(A氏)のY社株式をX社へ売却)をすることも検討する余地があります。

解説

 清算した場合の税コスト

	個人株主 (A氏)	法人株主 (X社)
配当所得課税	6,990千円 (※1) (16,000千円×43.693%)	(※2)(※3) ゼロ
株式譲渡損益課税	(※4)(※6) ゼロ	(※5)(※6) ゼロ

(※1) みなし配当=交付金銭等の額−資本金等の額×株式所有割合
　　　　　　　=41,000千円×40%−1,000千円×40%
　　　　　　　=16,000千円

(※2) みなし配当=41,000千円×60%−1,000千円×60%
　　　　　　　=24,000千円

(※3) X社とY社は、A氏及び配偶者により、発行済株式総数のすべてを所有されているため、X社にとってY社からの配当金は完全子法人からの配当金となり、受取配当金の益金不算入規定により配当金の全額が益金不算入となります。

(※4) 株式譲渡損益=資本金等の額×株式所有割合−A氏所有のY社株式簿価
　　　　　　　　　=1,000千円×40%−400千円
　　　　　　　　　=0円

(※5) 1,000千円×60%−600千円=0円

(※6) 株式譲渡損益課税は、株主が残余財産の分配を受けた場合に生じます。本事例で

は、株主が会社設立時よりY社株式を有しているため、Y社の資本金等の額と株主のY社株式の簿価の合計額が一致し、株式譲渡損益課税は生じません。

 ## 2 清算時の課税関係のまとめ

（1）株主の取り扱い

次の通り、個人株主・法人株主とで課税関係が異なります。

		個人株主 (A氏)	法人株主 (X社)
配当所得課税		総合課税 ［所得税率：5.105%〜45.945% 　住民税率：10%］	受取配当金の益金不算入の規定により、完全子法人 (Y社) からの配当金は全額益金不算入 (法法23①⑤、24①四)
株式譲渡損益課税		分離課税 ［所得税率：15.315% 　住民税率：5%］	株式譲渡損益部分は、資本金等の額で調整 (法法61の2①、⑰、法令8①二十二)

（2）清算法人 (Y社) の取り扱い

清算時の検討すべき主な事項は、次の通りです。

①事業年度

解散日をもって事業年度が区切られます。解散の決議を行った場合には、解散の日の属する事業年度開始日から解散日まで、解散日の翌日から定款に定めた事業年度終了日までがそれぞれ1つの事業年度とされます（法法14①一）。

②欠損金の繰戻還付

解散をした法人(Y社)が青色申告書を連続して提出している場合において、解散の日前1年以内に終了したいずれかの事業年度又は解散日の属する事業年度において欠損金が生じており、その欠損金の生じた事業年度開始の日前1年以内に開始した事業年度において所得が発生し、法人税を納付しているときは、欠損金の繰戻還付の規定により法人税の還付を受けることが

できます。この欠損金の繰戻還付の適用を受けるためには、解散日から1年以内に、「欠損金の繰戻しによる還付請求書」を所轄税務署長へ提出する必要があります（法法80①④）。

　なお、この規定は、法人税法のみの規定であり、道府県民税、市町村民税及び事業税には、このような規定はありません。そのため、Y社に欠損金が生じた場合には、事業税においては株式所有割合に応じた欠損金をX社に引き継ぐことになります（地法72の23、地令20の3）。

③残余財産確定時の事業年度における事業税

　残余財産確定時の事業年度において課される事業税は、残余財産確定時の事業年度の法人税の所得の金額の計算において、損金の額に算入することができます（法法62の5⑤）。

④金銭以外の資産による残余財産分配を行った場合の譲渡損益課税

　金銭以外の資産を分配した場合には、分配時における時価により譲渡をしたものとして課税されます（法法62の5①）。ただし、残余財産の分配時に、株主が内国法人のみであり、株主である内国法人と残余財産を分配する内国法人とに完全支配関係がある場合には、その分配資産の簿価により譲渡をしたものとされます（法法62の5③）。

　また、分配を受けた内国法人（X社）は、分配資産の簿価を引き継ぐこととなり、その簿価相当額の全額を益金不算入とすることができます（法法62の5④）。

⑤繰越欠損金の引き継ぎ

　内国法人（X社）との間に完全支配関係のある法人（Y社）の残余財産が確定した場合において、法人（Y社）の残余財産が確定した日の翌日以前10年以内に開始した各事業年度において生じた繰越欠損金があるときは、内国法人（X社）は、法人（Y社）の繰越欠損金を引き継ぐことができます。その引き継ぐ繰越欠損金は、「繰越欠損金の額×株式所有割合を乗じた金額」となりま

す（法法57②）。

　ただし、内国法人（X社）との間に完全支配関係のある法人（Y社）が、残余財産の確定日の翌日の属する事業年度開始日の5年前の日、X社の設立の日、Y社の設立の日のうち最も遅い日から継続して支配関係がない場合には、Y社の繰越欠損金の引き継ぎにあたり、X社に引き継ぎ制限が生じます（法法57③）。

③ 結論

　会社を清算する場合においては、次の点を考慮し、清算時の税コストを検討する必要があります。
- 株主が、個人株主又は法人株主であるか
- 清算法人に含み益のある資産があるか、繰越欠損金があるか
- 株主による清算法人の支配関係が、5年以上継続しているか
- 合併との税コスト等の比較検討

　本事例においては、仮に、A氏が所有するY社株式をX社に売却した後、Y社を清算した場合には、清算時に負担する税コストは、A氏のY社株式売却時の時価が16,400千円（時価純資産41,000千円×40％）とすると譲渡益16,000千円に対して3,250千円（16,000千円×20.315％）に抑えることができます。

　そのため、A氏が所有するY社株式をX社に売却し、株主をX社に集約することも選択肢の1つと考えられます。

100％親子会社間における資産の移動

相談内容

　私は、金属加工業及び不動産賃貸業を営んでいるＹ社（非上場会社）の社長です。Ｙ社の株式はＸ社が100％所有しており、Ｘ社の株式は私が100％所有しています。Ｘ社は私の資産管理会社となっています。

　将来的にＹ社を息子に承継したいと考えていますが、将来的な業績の不透明感からＹ社を M&A により親族外へ売却することも選択肢の1つとして悩んでいます。

　そこで、Ｙ社の不動産賃貸業をＸ社へ移転させたいと考えていますが、Ｙ社からＸ社へ賃貸不動産を移転させる手法としてどのような方法があるか、また、その留意点についてご教示ください。

【資本関係図】

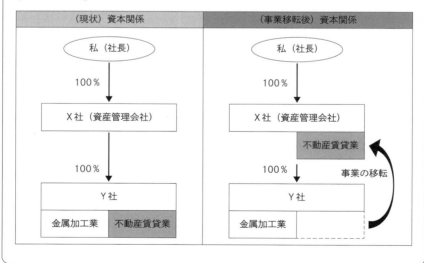

　子会社から親会社に対して事業(あるいは資産)を移転させる手法としては、資産譲渡や会社分割、現物配当が考えられます。

　資産譲渡を選択した場合、本件では100%親子会社間での賃貸不動産の時価譲渡となるので、賃貸不動産の譲渡直前の帳簿価額が10,000千円以上であるときは賃貸不動産の含み益への課税は繰り延べられますが(法法61の11①、法令122の12①)、親会社から子会社へ譲渡代金(賃貸不動産の時価相当額)の支払いが必要になります。

　一方、会社分割や現物配当は、税制適格要件を満たす場合には、子会社へ賃貸不動産の含み益に対する課税関係が生じず、親法人へ帳簿価額により引き継ぐことが可能であり、親会社から子会社へ代金の支払いは必要ありません。

　会社分割と現物配当の主な特徴は、下表の通りです。

	会社分割	現物配当
株主総会	特別決議(X社及びY社(原則))	特別決議(Y社)
債権者保護手続 (公告・個別催告)	必要(最低1ヶ月)	不要
税制適格要件	・私(社長)とX社の完全支配関係の継続が必要 ・X社とY社の完全支配関係の継続は求められない	現物配当直前に、X社とY社との間に完全支配関係があればよく、現物配当後の完全支配関係の継続は求められない
不動産取得税	原則：課税 特例：非課税(一定の要件あり)	課税

解説

① 会社分割

（１）会社法

　会社分割の対象は「事業に関して有する権利義務の全部又は一部（会2二十九、三十）」とされており、その対象を「事業」そのものに限定しておらず、特定の資産及び債務を承継することも可能です。

　原則として、X社及びY社の株主総会の特別決議が必要です（会309②十二、783①、804①）。

　また、債権者保護手続として、公告及び個別催告の期間として最低1ヶ月必要です（会789、810）。

（２）税法

①分割法人（Y社）

　会社分割が適格会社分割に該当する場合には、移転資産・負債に係る譲渡損益課税は生じず、帳簿価額による承継が可能です。

　100％親子会社間での会社分割の場合、会社分割にあたって対価が発行されない無対価の会社分割を行うことが一般的です。この無対価の会社分割とは、次のすべての要件を満たす会社分割をいいます（法令4の3⑥二）。

● 分割承継法人（X社）が分割法人（Y社）の発行済株式等の全部を保有する関係であること

● 分割後に私（社長）と分割承継法人（X社）との間に同一の者による完全支配関係が継続することが見込まれること（X社とY社の完全支配関係の継続は求められない）

②分割承継法人（X社）

　移転を受ける資産の帳簿価額は、会社分割が適格会社分割に該当する場合には、分割法人の分割直前の帳簿価額になります（法法62の2④、法令

123の3③)。

　みなし共同事業要件^(※)を満たさない会社分割で、分割法人(Y社)と分割承継法人(X社)との間の支配関係が、分割承継法人(X社)の会社分割を行った事業年度開始日の5年前の日等から継続していないときは、分割承継法人(X社)の会社分割を行った事業年度開始以後、繰越欠損金の使用制限、特定資産の譲渡等損失の損金不算入制限が課されます(法法57④、62の7①)。

(※) みなし共同事業要件は、会社分割が共同で事業を行うため、下記イ〜ハまでのすべての要件又はイ及びニの要件を満たすことが求められています。
　　イ　事業関連性要件
　　ロ　事業規模要件
　　ハ　事業規模継続要件
　　ニ　特定役員要件

　ただし、分割承継法人(X社)の支配関係発生日の属する事業年度の前事業年度末時点における時価純資産価額が簿価純資産価額以上あるなどの含み損益の特例計算の要件を充足する場合には、繰越欠損金の使用制限、特定資産の譲渡等損失の損金不算入制限が緩和されます(法令113①一、二、④、⑤、123の9①一、⑦)。

　また、不動産移転コストは、次の通りです。

● 登録免許税(登免法9、同法別表第一の一(二)ハ)
　➡固定資産税評価額 ×2%
● 不動産取得税(地法73の7二、地令37の14)
　➡固定資産税評価額 ×3% (非住宅の家屋については4%)

(注) ただし、一定の要件を満たした場合には、不動産取得税が非課税となります。

　一定の要件については、「【29】親族外承継における分割型分割の活用」(174ページ)の❷ 不動産の移転コストをご参照ください。

② 現物配当

（1）会社法

現物配当の対象となるのは、会社の財産に限定されます。

ただし、賃貸不動産に係る賃貸借契約や保証金・敷金返還債務は、現物配当に伴い親法人に承継されます（最高裁昭和33年9月18日判決、最高裁昭和44年7月17日判決）。

現物配当をする法人（Y社）の株主総会の決議が必要です（会454①、309②十）。

> （原則）特別決議
> （例外）普通決議（株主に金銭分配請求権を与えた場合）

会社分割のような債権者保護手続として公告や個別催告は必要ありません。

また、分配可能額の範囲内で配当することが可能です（会461①八）。

（2）税法

①現物配当をする法人（Y社）

次のすべての要件を満たす現物配当である場合には、現物配当資産の譲渡損益課税は生じず、帳簿価額による承継が可能です（法法22の十五）。

● 現物配当直前に、現物配当をする法人（Y社）と現物配当を受ける法人（X社）との間に完全支配関係があること

● 現物配当を受ける法人（X社）が内国法人であること

上記の要件を満たす現物配当については、配当に係る源泉所得税の徴収が不要です（所法24①）。

②現物配当を受ける法人（X社）

現物配当が上記①の要件を満たす場合には、配当金額の全額が益金不算入となります（法法62の5④）。

現物配当により受け入れた資産の帳簿価額は、現物配当をする法人の配

当直前の帳簿価額を承継します(法令123の6①)。

　現物配当をする法人(Y社)と現物配当を受ける法人(X社)との間の支配関係が、現物配当を受ける法人(X社)の現物配当の日の属する事業年度開始日の5年前の日等から継続していない場合には、現物配当を受ける法人(X社)の現物配当を受けた日の属する事業年度以後、繰越欠損金の使用制限、特定資産の譲渡等損失の損金不算入制限が課されます(法法57④、62の7①)。

　ただし、現物配当を受ける法人(X社)の支配関係発生日の属する事業年度の前事業年度末時点における時価純資産価額が簿価純資産価額以上あるなどの含み損益の特例計算の要件を充足する場合には、繰越欠損金の使用制限、特定資産の譲渡等損失の損金不算入制限が緩和されます(法令113①一、二、④、⑤、123の9①、⑦、⑩)。

　また、不動産移転コストは、次の通りです。
● 登録免許税(登免法9、同法別表第一の一(二)ハ)
　➡固定資産税評価額×2%
● 不動産取得税(地法73の7二、地令37の14)
　➡固定資産税評価額×3%（非住宅の家屋については4%）
(注) 会社分割と異なり、現物配当には不動産取得税の非課税規定はありません。

③ 結論

　100%親子会社間での資産の移動にあたっては、寄附という手法もありますが、将来的にY社を売却する可能性がある場合には、賃貸不動産の含み益がX社側でも実現する可能性があるため、お勧めしません。

　ご相談の場合は、会社分割や現物配当の手法を用いることを検討することがよいと考えます。

　両手法のポイントは次の通りですが、賃貸不動産の数が少なく、短期間での資産移転を行いたい場合は現物配当を、不動産取得税を非課税としたい場合は会社分割をお勧めします。

（現物配当）

● 債権者保護手続が不要であるため、短期間に資産移転が行える。

● 現物配当後に、X社とY社の完全支配関係の継続が求められていない。

（会社分割）

● 不動産取得税について、一定の要件を満たせば、非課税となる。

● 債権者保護手続が必要なため、実行に時間がかかる。

32 合併した場合の「取引相場のない株式の評価」への影響

相談内容

　私は、X社（不動産賃貸業）及びY社（製造業）の社長です。X社の株式は、私が100％所有しており、X社がY社株式を100％所有しています。X社及びY社は、ともに非上場会社です。

　X社及びY社については、いずれ息子に承継する予定ですが、会社経営の効率化のためX社とY社を合併し、X社を合併存続会社とすることを考えています。

　そこで、息子にX社株式を贈与するにあたり、本件合併が株式評価に与える影響とその留意点をご教示ください。

【直近の会社の主な状況】

	X社（不動産賃貸業）	Y社（製造業）
従業員数	5人	50人
総資産 （帳簿価額）	300百万円 主な資産は、次の通りです。 （単位：百万円）	1,300百万円 主な資産は、次の通りです。 （単位：百万円）
売上高	100百万円	500百万円

X社（不動産賃貸業）の主な資産：

名称	帳簿価額	相続税評価
賃貸不動産(※)	100	80
Y社株式	10	1,000

（※）賃貸不動産の一部は、Y社へ賃貸している。

Y社（製造業）の主な資産：

名称	帳簿価額	相続税評価
不動産 （自社利用）	500	1,000

解決へのヒント

　合併があった場合の取引相場のない株式の評価上の主な留意点は、次の通りです。

（1）類似業種比準価額

　　①類似業種の業種目の変更

　　②会社規模の拡大

　　③類似業種比準価額の適用の可否判断

（2）純資産価額

　　①課税時期前3年内に取得した不動産の評価方法

　　②合併に伴う評価差額に対する法人税額等相当額計算上の制限

解説

① 取引相場のない株式の評価

　同族株主等が取得した取引相場のない株式の評価は、類似業種比準方式、純資産価額方式又は類似業種比準方式と純資産価額方式の併用方式により行います。

　どの方法を採用するかは、評価会社の会社規模等（総資産価額（帳簿価額）、従業員数及び取引金額）により決定します（財基通178）。ご相談の事例では、合併後のX社の主な業種が製造業となりますので、従業員数が70人未満の場合は、次のように評価方法を決定します。

　なお、会社の規模は、①総資産価額（帳簿価額）と②従業員数のいずれか下位の区分と③取引金額のいずれか上位の区分により判定します。

会社規模	①総資産価額 (帳簿価格)	②従業員数	③取引金額	評価方法 [いずれか低い価額]
大会社	15億円以上	35人超	15億円以上	・類似業種比準方式^(※) ・純資産価額方式
中会社	5億円以上 15億円未満	35人超	4億円以上 15億円未満	・併用方式 ・純資産価額方式
中会社	2億5,000万円以上 5億円未満	20人超 35人以下	2億円以上 4億円未満	・併用方式 ・純資産価額方式
中会社	5,000万円以上 2億5,000万円未満	5人超 20人以下	8,000万円以上 2億円未満	・併用方式 ・純資産価額方式
小会社	5,000万円未満	5人以下	8,000万円未満	

(※) 類似業種比準価額は、1株当たりの配当金額・利益金額・純資産価額により計算し、各計算要素は、実際の発行済株式総数で計算するのではなく、1株当たりの資本金等の額を50円とした場合の発行済株式総数により算定します。

② 取引相場のない株式の評価上の留意点

合併があった場合の類似業種比準価額又は純資産価額の算定における主な留意点は、次の通りです。

（1）類似業種比準価額
①類似業種の業種目の変更

取引金額のうちに2以上の業種目に係る取引金額が含まれている場合の評価会社の業種目は、取引金額全体のうちに占める業種目別の取引金額の割合が50%を超える業種目とされます(財基通181-2)。

ご相談の事例の場合、合併前のX社の業種目は不動産業ですが、合併後は製造業の売上高の割合が全体の売上高の50%を超えるため、合併後の業種目は製造業になると考えられ、製造業の株価、1株当たり配当金額、年利益金額及び純資産価額を基として、類似業種比準価額を計算することになります。

②会社規模の拡大

会社規模は、上記「 ❶ 取引相場のない株式の評価」における総資産価額(帳簿価額)、従業員数及び取引金額により判定します。

合併前のX社の会社規模は中会社ですが、合併前のY社が有する総資産(1,000百万円)及び従業員(50人)を引き継ぎ、また売上高(500百万円)が変わらないのであれば、合併後のX社の会社規模は大会社になります。そのため、合併前は併用方式による株価と純資産価額のいずれか低い株価を採用することとなっていましたが、合併後では類似業種比準価額と純資産価額のいずれか低い株価を採用することになります。

一般的に、社歴が長く、業績が安定した会社の場合、純資産価額よりも類似業種比準価額のほうが、株価が低くなる傾向にあるため、合併後のX社の株価は、類似業種比準価額を採用することにより下がる可能性があります。

③類似業種比準価額の適用の可否

類似業種比準価額により評価する場合は、X社における各比準要素(1株当たりの配当金額・利益金額・純資産価額)が適切に把握されることが前提となります。この各比準要素は、課税時期の直前事業年度又は直前前事業年度の数字をもとに計算します。合併に伴い、X社の事業実態に変化がある場合には、少なくとも合併があった事業年度及び合併の翌事業年度は、X社の各比準要素が適切に把握できないので、類似業種比準価額により株式評価することが適切でなく、純資産価額等により評価することが妥当と考えられます。

また、当該合併が、単なる将来的な承継にあたっての株価対策を目的として行われたとみなされる場合には、税務当局に類似業種比準価額を適用することを否認されるリスクもあるため、合併のビジネス上の目的を明確にしておくことをお勧めします。

（2）純資産価額

①課税時期前3年内に取得した不動産の評価方法

　課税時期前3年以内に取得した土地等、家屋、建物附属設備及び構築物は、路線価や固定資産税評価額ではなく、課税時期の通常の取引価額により評価します（財基通185）。

　当該合併が、適格合併に該当する場合には、法人税法上、資産・負債の取得日は、被合併法人の取得日を引き継ぐことになりますが、財産評価基本通達による不動産の取得日は、合併が適格合併であっても、合併日と考えることになります。そのため、息子へのX社株式の贈与が、合併日後3年以内に行われる場合には、土地等、家屋、建物附属設備及び構築物は、路線価や固定資産税評価額ではなく、課税時期の通常の取引価額により評価することになります。

②合併に伴う評価差額に対する法人税額等相当額計算上の制限

　純資産価額の計算上、「評価差額に対する法人税等相当額」の計算における現物出資等受入れ資産には、合併により著しく低い価額で受け入れた資産も含まれます（財基通186-2）。

　合併に伴い受け入れた資産がある場合には、評価差額に対する法人税額等相当額の計算上、次の点に留意する必要があります。ただし、課税時期における相続税評価額による総資産価額に占める合併受入れ資産の相続税評価額の合計額の割合が20％以下である場合には、考慮する必要がありません。

【合併時の合併受入れ資産の相続税評価額 > 合併受入れ資産の被合併法人の帳簿価額の場合】

評価差額として認められない金額 ＝ 合併受入れ資産の被合併法人の帳簿価額 － 合併時の合併法人の帳簿価額

〈合併受入れ資産のイメージ図〉

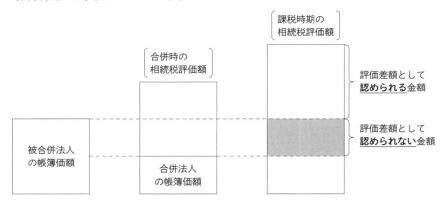

【合併時における合併受入れ資産の評価額 > 課税時期における合併受入れ
資産の評価額の場合】

評価差額として認められない金額 = 課税時期の合併受入れ資産の相続税
評価額 － 合併受入れ資産の帳簿価額

〈合併受入れ資産のイメージ図〉

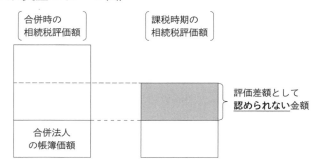

③ 結論

　ご相談の事例では、合併により、類似業種比準方式による株価の計算や純資産価額方式における不動産の評価等に影響が及ぶことになります。上述した留意点以外にも、X社及びY社の事業内容や資産・負債の状況に応じた詳細な検討が必要になります。

　株式の承継については、合併前又は合併後のどのタイミングが税務上有利になるかを事前にシミュレーションすることが必要です。

33 株式交換における 配当還元価額への影響

相談内容

　私はＸ社（不動産賃貸業）及びＹ社（製造業）の社長です。Ｘ社の株式は、私が200株（100％）所有しており、Ｙ社の株式は、私が1,020株（51％）、従業員や取引先49名で980株（49％）を所有しています。Ｘ社とＹ社は、ともに非上場会社です。

　Ｘ社が所有する不動産をＹ社の工場として賃貸していますので、将来的な経営統合を見据え、株式交換によりＹ社をＸ社の子会社とすることを考えています。この株式交換により、従業員や取引先が所有する株式の評価額に影響が出ないか心配です。株式交換における株価への影響や留意点をご教示ください。

　なお、株式交換は、次の内容とする予定です。

- 株式交換完全親会社　Ｘ社
- 株式交換完全子会社　Ｙ社
- 株式交換比率　Ｘ社：Ｙ社＝1:1
- 株式交換は、法人税法上の適格株式交換に該当します。
- Ｘ社・Ｙ社ともに、過去に配当金を支払ったことはありません。
- Ｘ社・Ｙ社それぞれの株主構成・貸借対照表は、次の通りです。

〈株式交換前〉

(単位:百万円)

X社		Y社	
社長		社長	従業員他 49名
200株 (100%)		1,020株 (51%)	980株 (49%)

X社

資産	20,000	負債	8,000
		純資産	12,000
		資本金等	20
		利益積立金額	11,980
	20,000		20,000

Y社

資産	20,500	負債	500
		純資産	20,000
		資本金等	20
		利益積立金額	19,980
	20,500		20,500

株式交換実行後のX社の株主構成・貸借対照表は、次の予定です。

〈株式交換後〉

(単位:百万円)

X社

社長	従業員他 49名
1,220株 (55%)	980株 (45%)

資産	40,000	負債	8,000
		純資産	32,000
		資本金等	20,020
		利益積立金額	11,980
	40,000		40,000

解決へのヒント

（1）株式交換は合併や会社分割に比べて手軽に実行できる組織再編のため、事業承継対策としてもよく活用されます。

（2）その手軽さゆえ、組織再編による株価への影響をシミュレーションせずに実行している例も散見されます。

（3）ご相談の場合、株式交換完全親会社の資本金等の額が大きく変動するため、配当還元価額に大きな影響を与える可能性があります。

.... 解説 ....

 株式交換による株式交換完全子法人の受入れについて

（1）子法人株式の取得価額

　株式交換完全親会社が取得をした株式交換完全子法人株式の取得価額は、次の通りとされています（法令119①十）。

①適格株式交換等の直前において、株主の数が50人未満である株式交換完全子法人株式の取得をした場合

　株式交換完全子法人の株主が有していた株式交換完全子法人株式の適格株式交換等の直前の帳簿価額に相当する金額の合計額（株式交換完全子法人を取得するために要した費用の額を加算した金額）

②適格株式交換等の直前において、株主の数が50人以上である株式交換完全子法人株式の取得をした場合

　株式交換完全子法人の適格株式交換等の日の属する事業年度の前事業年度終了の時の資産の帳簿価額から負債の帳簿価額を減算した金額（株式交換完全子法人を取得するために要した費用の額を加算した金額）

　ご相談の場合、Y社の株主数は50人であるため、法人税法上、X社におけるY社株式の受入仕訳は、次の通りとなります。

（単位：百万円）

（借方）		（貸方）	
子法人株式	20,000	資本金額等^(※) 資本金等の額	20,000

（※）会社法その他の法令により増加した資本金、資本準備金、その他資本剰余金

（2）資本金等の額

　株式交換により、株式交換完全親会社において増加する資本金等の額は、次の通りです（法令8①十）。

　増加する資本金等の額 ＝ 株式交換完全子法人株式の取得価額 － 増加資本金額等

2 株式交換による配当還元価額への影響

（1）配当還元価額の計算方法

　配当還元価額は、次の通り計算します（財基通178本文ただし書、188、188－2）。

$$\frac{年配当金額^{(※)}}{10\%} \times \frac{1株当たりの資本金等の額}{50円}$$

（※）直前期末以前2年間の剰余金の配当金額から、将来毎期継続することが予想できない配当金額を控除した金額の合計額の2分の1に相当する金額を、直前期末における発行済株式数（1株当たりの資本金等の額が50円以外の金額である場合には、直前期末における資本金等の額を50円で除して計算した数）で除して計算した金額。ただし、この計算によって求めた金額が2円50銭未満である場合には、2円50銭とします。

（2）本件事例における影響

　従業員や取引先が所有する株式の配当還元価額は、株式交換前後で、次の通り変動します。

〈株式交換前（Y社）〉

$$\frac{2円50銭^{(※1)}}{10\%} \times \frac{10,000円^{(※2)}}{50円} = \underline{5,000円}$$

（※1）年配当金額（過去に配当金を支払ったことがないため、2円50銭）

（※2）1株当たり資本金等の額（20百万円/2,000株=10,000円）

〈株式交換後（X社）〉

$$\frac{2円50銭^{(※1)}}{10\%} \times \frac{9,100,000円^{(※2)}}{50円} = \underline{4,550,000円}$$

（※1）年配当金額（過去に配当金を支払ったことがないため、2円50銭）

（※2）1株当たり資本金等の額（20,020百万円/2,200株=9,100,000円）

　株式交換により、X社の資本金等の額が増加（20百万円→20,020百万円）したため、配当還元価額が910倍となり、X社株式を保有する従業員や取引先の取引価額や相続・贈与時の相続税・贈与税が増加することとなってしまいます。

③ 結論

　ご相談の事例では、Y社の株式交換前の株主数が50名のため、Y社を株式交換完全子法人とする株式交換を実施した場合、X社の増加する資本金等の額が、株式交換完全子法人の適格株式交換等の日の属する事業年度の前事業年度終了の時の資産の帳簿価額から負債の帳簿価額を減算した金額となります。そのため、Y社を株式交換完全子法人とする株式交換を実施した場合、X社の資本金等の額が大幅に増加することになり、配当還元価額が株式交換前と比較して910倍になります。

　仮に、株式交換前の株式交換完全子法人の株主数を整理して50人未満とした場合においても、株式交換完全子法人の株主の帳簿価額を引き継ぐことになるため、過去から利益が蓄積されている会社で、株式交換完全子

法人の株主が他の株主から株式の買取りをしている場合には、株式交換完全子法人の株主の帳簿価額が高額になる可能性もあります。

　ご相談の場合、株式交換を実行してからでは、配当還元価額が高額になるからといって、株式交換をなかったことにすることはできません。

資産管理会社における
多額の借入金の返済方法

相談内容

　私は、製造業Ｚの社長をしているＪです。私は、父からＺ社の経営を引き継ぎましたが、父が所有していたＺ社株式は私を含めた兄弟4人が分散して相続したことから、その株式の処理に頭を悩ませてきました。私以外の3人の兄弟はＺ社に関与しておらず、その3人から以前より株式の買取りを求められていました。

　そこで、昨年、私は一大決心をして、総額60億円で3人が持つ全株式の買取りを実行することにしました。

　顧問税理士の提案の通り、私が出資する資産管理会社Ｐ社を設立し、そのＰ社にＺ社より60億円を年利1％で貸し付け、Ｐ社にて3人が持つすべてのＺ社株式を購入しました。

　株式購入から1年が経過し、Ｐ社では60億円の支払利息として6,000万円を未払計上しました。しかし、この支払利息はＺ社からの配当では充当できず、毎年未払金が積み重なっていくことに違和感があります。

　顧問税理士に相談しましたが、Ｚ社はキャッシュリッチな会社なので60億円の貸付金の返済がなくても無借金で運営できるため、Ｐ社から急いで借入金の返済や未払利息の支払いをしてもらう必要はないとの回答でした。

　経営者としては、せめてＺ社からの配当金（総額4,000万円程度／年）でＰ社への利息を支払える程度の借入金にしたいと考えていますが、何かよい方法はありますでしょうか？

　ちなみに、Ｚ社は財産評価基本通達による会社の規模区分では「大会

社」です。したがって、相続時においては類似業種比準価額にて評価しますが、今回の株式買取りにおいては顧問税理士より類似業種比準価額と純資産価額の合計の2分の1の価額で取引するようアドバイスを受けたので、その価額で実行しました。

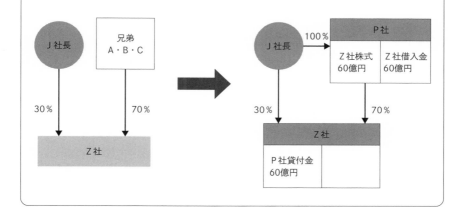

解決へのヒント

（1）このような同族株主間における個人から法人へ譲渡する際の株価は、財産評価基本通達上の会社規模区分を「小会社」として、つまり「純資産価額」と「類似業種比準価額と純資産価額の合計の2分の1の価額」とを比較した低い方の価額となります。

（2）次のスキームにより一部の貸付金と借入金を削減することができます。

> STEP1：J社長が持つZ社株式とP社株式について株式交換を行い、
> 　　　　P社をZ社の100%親会社とします。
> STEP2：Z社からの現金配当をもってZ社へ借入金を返済する、又は
> 　　　　Z社の貸付金の一部を現物配当し、P社の借入金と相殺します。

（3）P社の借入金が減少するとP社株式の価値が増加しますので、スキーム

実行前と後の両方の株価を算定したうえで、将来の事業承継も考慮して判断すべきです。

【STEP1】株式交換によりP社をZ社の100%親会社とする

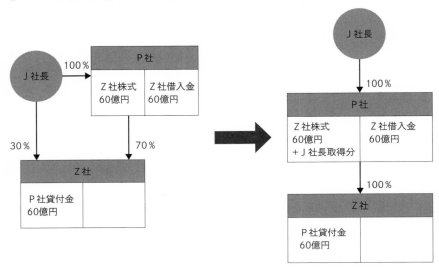

【STEP2】Z社のP社貸付金のうち20億円をP社へ現物配当

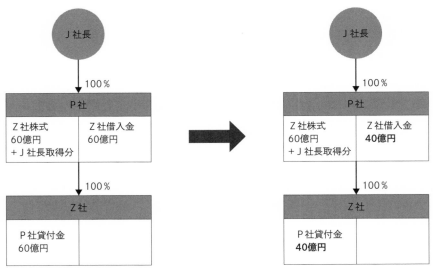

.... 解説 ....

個人から法人への株式譲渡に係る時価

　今回のように公開途上でもなく、株式の売買実例もない法人の同族株主間において、個人から法人へ株式を譲渡する場合の株価は、所得税、法人税の観点から注意する必要があります。

　J社長の兄弟達からP社への譲渡については、それぞれが中心的な同族株主に該当することから、類似業種比準価額と純資産価額の合計の2分の1の価額で取引を実行したものと考えられます。

（1）所得税（所基通59-6）

　原則として、以下の条件付きで財産評価基本通達178から189-7による株価の算定が認められています。

---

①同族株主に該当するかどうかは、株式の譲渡又は贈与直前の議決権の数により判定すること
②その個人が「中心的な同族株主」に該当するときは、同通達178に定める「小会社」の評価によること
③株式の発行会社が土地や上場有価証券を保有しているときは時価により評価すること
④純資産価額の計算の際に、含み益に対する法人税額等の控除はしないこと

（2）法人税（法基通9-1-14）

　課税上の弊害がない限り、以下の条件付きで財産評価基本通達178から189-7による株価の算定が認められています。

①その法人が「中心的な同族株主」に該当するときは、同通達178に定める
「小会社」の評価によること
②株式の発行会社が土地や上場有価証券を保有しているときは時価により
評価すること
③純資産価額の計算の際に、含み益に対する法人税額等の控除はしないこ
と

② 株式交換

　株式交換実行前にJ社長はP社を100％支配しており、他の株主がいない
ことから、P社の株主総会では株式交換に係る議案は確実に決議できます。
また、株式交換時点でJ社長はP社株式を他の株主へ譲渡する計画はありま
せんので、税務上は適格株式交換となり、J社長に譲渡所得税の課税は生
じません。なお、株式交換についての詳細は「**28 持株会社化の手法（株式
変換と株式譲渡）**」（168ページ）、「**33 株式交換における配当還元価額への影
響**」（200ページ）をご参照ください。

③ 現物配当

　会社の債権を現物配当することは可能ですが、会社法上の分配可能額の
範囲内である必要があります。今回、現物配当とすることのメリットは資金
を実際に移動させる必要がないということです。
　また、P社においては、現物配当は全額益金不算入となり、課税が生じ
ません。
　現物配当についての詳細は「**31 100％親子会社間における資産の移動**」
（186ページ）をご参照ください。

④ 結論

　ご相談のP社の支払利息（Z社側では受取利息）の負担を減らしたいとの意向は、合理的な経営判断だと考えますので、上記スキームは解決策の1つとなる可能性があります。ただし、このスキームの実行によってP社株式の価格が大幅に上昇してしまっては、J社長の事業承継に支障をきたす可能性があります。したがって、スキームの実行前と実行後の株価評価を行い、もし、実行後に株価が大幅に上昇する可能性がある場合は、実行前に一部でも株式を次世代へ承継することを検討すべきです。

第**5**章

信託・不動産

35 資産と債務をセットにした信託契約

相談内容

　私Aは、個人事業主として「建物及び土地（以下、「賃貸不動産」とする）」の賃貸事業をしていますが、80歳を迎え、最近は物忘れがひどくなってきており、賃貸不動産の管理や銀行との融資条件の交渉等が難しくなっていると感じています。なお、賃貸不動産は銀行借入で取得したものです。

　私としては、できれば長男Bに賃貸事業を承継してほしいと考えています。ただし、贈与による事業承継をする場合、多額の贈与税が生じ、現実的ではありません。

　この場合、どのようにするのがよいか悩んでいます。

解決へのヒント

（1）Aの意思能力がなくなる前にBと下記の「信託契約」を締結することで、BがAに代わり受託者として信託財産に係る契約等の法律行為ができます。

（2）銀行借入についても「信託契約」にて信託財産責任負担債務^(※1)と定め、Bが免責的債務引受^(※2)をすることで、BがAに代わり金銭消費貸借契約に定めた融資条件変更の契約等の法律行為ができます。

（※1）「信託財産責任負担債務」とは、受託者が信託財産をもって履行する責任を負う債務です。

（※2）「免責的債務引受」とは、債務者が債務を免れて、引受人が新債務者として、元の債務者に代わって同一内容の債務を負担することです。債権者の同意がなければ有効に引受はできないとされています。

〈具体的な信託契約の内容〉

項　　目	内　　容
信託の目的	信託財産の管理、運用、処分及びその他本契約の目的の達成のために必要な行為を行い、Aの安定した生活と福祉を確保すること
信託財産（積極財産）	賃貸不動産
信託財産責任負担債務（消極財産）	信託財産に設定された抵当権によって担保される銀行借入
委託者兼受益者	A（自益信託）
受託者	B
信託の終了	委託者の相続発生
信託終了時の帰属権利者	B

〈信託のイメージ図〉

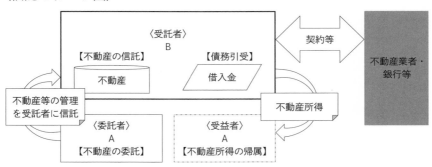

解説

1 信託による効果

　Aに意思能力がなくなった場合、Aが行う法律行為である賃貸契約及び不動産売買契約等についての契約が無効になるリスクがあります。

　Aに意思能力がなくなる前に上記内容の「信託契約」を締結することで、

財産の形式上の所有権はAから受託者Bに移り、不動産の所有権移転登記を行うため、賃貸契約及び不動産売買契約等は受託者Bが単独で行うことができるようになります。

② 信託財産の課税上の取り扱い

信託財産の課税上の取り扱いでは、受益者課税の原則が取られており、信託の受益者が、当該信託の信託財産に属する資産及び負債を有するものとみなされ、かつ、当該信託財産に帰せられる収益及び費用は当該受益者の収益及び費用とみなして所得税及び法人税を課税することになります(所法13、法法12[※3])。したがって、信託設定時にAを受益者と設定すれば実質的な経済価値は移転しないため、Bに贈与課税がされることはありません。また、上述の通り所得税はAに課税され、Bに課税されることはありません。

(※3) 所得税法上、信託から生じる所得が損失である場合には、なかったものとされる点に留意が必要です。

これは、信託財産に属する資産及び負債並びに信託財産に帰せられる収益及び費用は、形式的には受託者に帰属するものの、信託は基本的には受託者が受益者のために資産の管理及び処分その他の行為を行う仕組み、換言すれば財産の所有及び管理とその収益とを分離するためのものであり、実質的な利益及び不利益を受益者に享受せしめようとする趣旨であるといわれています(武田昌輔 編著『DHC コンメンタール 法人税法』(第一法規、2019年)953の2ページ)。

③ 銀行借入（消極財産）の信託

信託法においては、信託の対象となる財産は積極財産に限られ、消極財産は信託財産に含まれないとの立場が取られています(道垣内弘人 編著『条解信託法』(弘文堂、2017年) 100ページ)。

しかし、信託法第21条1項3号では、信託設定時において、信託行為の定めにより、委託者の負担する債務を信託財産責任負担債務とできる旨が明らかにされています。これにより、委託者の属する積極財産と消極財産の集合体である事業について、信託行為の定めによって、積極財産の信託と合わせて債務引受をすることによって、実質的に当該事業を信託したのと同様の状態を作り出すことが可能となったとされています(前掲書101ページ)。

 4　免責的債務引受による効果

　AからBへ免責的債務引受が可能であれば(※4)、Aが意思能力を喪失したときにも、Bは金銭消費貸借契約に定めた融資条件(融資期間の変更や金利の改定等)変更の契約を銀行と締結することが可能です。
(※4) 債権者である銀行の同意が必要です。
　信託法上は、債務者名義に関係なく、「信託契約」に定めることにより信託財産責任負担債務となりますが(信託法21①三)、受託者が単独で銀行と融資条件変更の契約を締結するためには免責的債務引受が必要です。

5　免責的債務引受を行った信託財産責任負担債務の課税上の取り扱い

　「信託契約」で定めた信託財産責任負担債務の債務者を免責的債務引受によりBへ変更しても、前債務者Aは受託者から債務免除を受けたわけではありません(相法8)。信託財産責任負担債務が信託財産をもって履行する債務である限りにおいては、税務上は実質的に受益者に帰属するものと解されます。したがって、A・B間での贈与課税は生じません。
　また、委託者Aの相続発生による信託終了の場合、帰属権利者であるBは当該信託の残余財産を受益者Aから遺贈により取得したとみなすことになります(相法9の2④)。相続財産から債務控除できる被相続人の債務は、相

続又は遺贈により財産を取得した相続人(又は包括受遺者)が負担するもので、確実と認められるものに限られます(相法13、14)。

　したがって、帰属権利者である相続人Bが当該信託に属した信託財産責任負担債務である本件銀行借入を確実に負担する限りにおいては、当該債務の相続について債務控除が適用されると考えます。

 6　結論

　本件の場合、A・B間で上記の「信託契約」を締結することにより、Bに不動産賃貸事業を任せることができます。これによりAの意思能力に問題が生じたとしてもBが事業の法律行為を行うことになり、また「信託契約」締結を基因とする追加的な課税負担もなく、円滑な事業承継が可能となります。

　なお、認知症対策として「信託契約」を締結し事業継続はできたとしても、相続財産の承継は親族間の問題として引き続き残りますので、遺言を「信託契約」と同時に作成することをお勧めします。

不動産管理会社の利用

　私 A は、昨年、父からいくつかの賃貸物件を相続しました。建物の築年数は古いですが、収益性に問題はありません。なお、土地は先祖代々受け継いできたものです。父は個人事業主として「建物及び土地」の賃貸事業をしていました。

　私は現在50歳で、子 B が1人います。私自身は今後の生活に困らないだけの財産があるので、これ以上私の相続財産を増やす必要はないと考えていたところ、知人より、不動産管理会社（以下、「X 社」とする）を利用することで相続財産の増加を防ぐことができるのではないかという話を聞きました。

　不動産管理会社の活用ができるのか、また、活用できるとしたらどのようにするのがよいか悩んでいます。

　なお、子 B はまだ大学生のため、私が元気なうちは私が賃貸事業を行い、将来は B に賃貸事業を承継させようと考えています。

（1）不動産管理会社の設立には、メリット・デメリットがあります。

（2）不動産管理会社の運営方法として「①管理方式」「②転貸(サブリース)方式」「③所有方式」があります。

$$\boxed{\text{解説}}$$

❶ 不動産管理会社設立の主なメリット・デメリット

不動産管理会社の設立には、以下のようなメリット・デメリットがあります。

［メリット］

- 子を株主とすることで、法人の株価上昇分の価値を子に帰属させることができる
- 所得分散効果がある（後述）
- 相続時の納税資金が準備できる（不動産管理会社から子への給与又は配当）

［デメリット］

- 会社の設立コストが生じる
- 会社の管理コストが生じる（経理処理・税金等）

❷ 不動産管理会社の運営方法

不動産管理会社の運営方法として、以下のように「①管理方式」「②転貸（サブリース）方式」「③所有方式」があります。

①管理方式

賃貸不動産の所有者が不動産管理会社に不動産の維持管理を委託する形態

②転貸方式 (サブリース)

賃貸不動産の所有者が不動産管理会社に所有物件を一括で貸し付け、不動産管理会社はそれを転貸し、賃貸料収入から所有者に賃貸料を支払う形態

③所有方式

賃貸不動産の所有者自体を不動産管理会社とし、管理・賃貸する形態

③ 運営方法別の主なメリット・デメリット

　上記3つの運営方法ごとの主なメリット・デメリットをまとめると、以下のようになります。

①管理方式

［メリット］

（所得税）

- 不動産の移転コストがかからない

（その他）

- 管理業務の導入が簡単（入居者との契約、保険契約等の変更が必要ないため）

（相続税）

- 土地は貸家建付地、建物は貸家での評価となる
- 一定の要件を満たすと小規模宅地の特例の適用がある

［デメリット］

（所得税）

- 資産管理会社への所得帰属が少ない➡所得分散効果が限定的^{（※1）}
- 実態に応じた管理料でない場合、税務リスクが生じる

（相続税）

- 賃貸割合が低い場合、貸家建付地、貸家での評価額が高くなる

②転貸方式 (サブリース)

［メリット］

（所得税）

- 不動産の移転コストがかからない
- 管理方式よりも資産管理会社への所得帰属が多い（不動産管理会社は空室等の経営上のリスクを負うため）➡一定の所得分散効果がある^{（※1）}

（相続税）

- 土地は貸家建付地、建物は貸家での評価となる

● 一定の要件を満たすと小規模宅地の特例の適用がある

［デメリット］

（所得税）

● 実態に応じた賃貸料でない場合、税務リスクが生じる

（その他）

● 入居者との契約変更手続き等が必要

● 空室により不動産管理会社が赤字となるリスクがある

③所有方式

［メリット］

（所得税）

● 不動産を所有しているため、資産管理会社への所得帰属が多い

➡所得分散効果[※1]が最大

（相続税）

● 不動産ではなく、取引相場のない株式が評価対象となる

［デメリット］

（所得税）

● 不動産の移転コスト（譲渡所得税・流通税等）が生じる

● 売却時の時価が妥当でない場合、税務リスクが生じる可能性がある

（その他）

● 入居者との契約変更手続き等が必要

（※1）所得分散効果について

Aに入るべき所得をX社へ帰属させることにより、Aの金融資産の増加を抑えることが可能です。X社に帰属した所得は給与（勤務実態等の業務への関与状況を備えていることが前提）という形で家族へ分配もできます。

④ 所有方式を適用する場合に対象とすべき不動産

　Aが相続した先祖代々受け継いできた土地は取得費が低いことが想定され、土地を時価でX社に売却する際には含み益が実現し、譲渡所得税の負担が重くなるものと思われます。

　一方、建物のみ時価でX社に売却する場合、Aが相続した建物の築年数は古いため、売却しても譲渡所得税は少額もしくは生じないと考えられます。

　したがって、所有方式を採用する場合に対象とすべき不動産は、築年数が古く収益性の高い建物が適していると考えます。^(※2)

(※2) 建物のみ X 社で所有する場合の注意点
　　　借地権の問題が生じ、権利金を収受するか相当の地代を収受しないと、権利金の認定課税が行われます。ただし、特殊関係者間では、将来借地権を無償で返還する賃貸借契約を締結し「土地の無償返還に関する届出書」を税務署に提出することによって、借地権の認定課税を回避することができます。

⑤ 結論

　本件の場合、将来、子Bに事業を引き継がせたいのであれば、所有方式を検討するとよいと考えます。不動産管理会社を設立して株主はBとし、これにより所有方式のメリットである所得分散効果の最大化を図ります。また、建物のみX社に譲渡することで、デメリットである移転コストを最小限に抑えます。

　当初はAがX社の代表取締役として会社経営を行い、その後適当なタイミングでBが代表取締役となり、経営権をBに移します。

　Bを株主とした場合、賃貸不動産の所得によるX社の株式価値増加はBに帰属し、Aには帰属しません。

37 不動産の組み換えと「無償返還に関する届出書」制度を活用した承継対策

相談内容

私は非上場会社 D 社のオーナーだった故 K の妻 Y（70歳）です。

K の相続の際に私が相続したのは自宅不動産と金融資産のみで D 社株式についてはすべて息子の S と T（いずれも取締役）が承継しています。

地方の地主の娘だった私は父から相続した賃貸不動産を複数保有しています。しかし、近年はどれも収益性が悪いにもかかわらず、相続税評価額は約4億円と高額なため、息子の2人も相続することには抵抗があるようです。相続税対策も踏まえて、何かよい方法はありますか。

解決へのヒント

不動産の組み換えと「無償返還に関する届出書」制度を活用した相続税対策が考えられます。

解説

不動産の組み換え

一般に、現在保有している不動産を売却して新たに不動産を取得することを「不動産を組み換える」といいます。例えば、次のような事例が挙げられます。

● 収益性の低い物件を売却して収益性の高い物件を購入する

● 郊外の土地を売却して収益性の高い都心の物件を購入する

● 使い勝手の悪い底地を売却して新たに収益性の高い不動産を購入する

　上記のように、不動産の組み換え基本パターンは「収益性(財産価値)の低い不動産を処分して収益性(財産価値)の高い不動産を購入する」ことです。相続対策としての不動産の組み換えでは、この基本パターンに加え次のポイントを考慮する必要があります。

①相続税評価額を下げること

②相続税だけでなく譲渡所得税も加味して節税効果を検討すること

③納税資金を確保すること

　ご相談のケースも、ご子息が収益性の低い不動産の相続に抵抗があるということなので、上記のポイントをおさえた不動産の組み換えを行うことが有効と考えます。

② 法人と「無償返還に関する届出書」制度の活用

　単に不動産を組み換えて収益性の高い土地付建物をYが取得すると、Yのキャッシュ・フローはよくなりますが、物件から生ずる賃料収入がYの相続財産を構成することとなります。

　したがって、収益物件の土地の取得者をYとし、建物はD社が取得して賃料収入をD社の収入とします。この場合、D社はYに地代を支払う必要がありますが、使用貸借と認定されない程度の地代(その土地の固定資産税等の年税額や近隣の地代相場などを考慮して決定)を支払います。

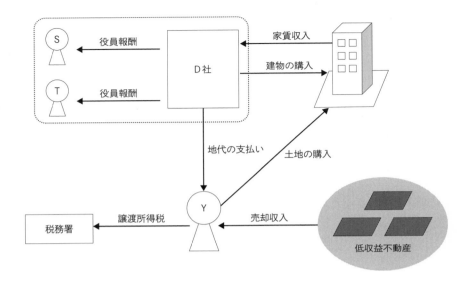

　Yの地代収入を最小限とすることで、Yの相続財産の増加を防止することができ、物件から生ずる収益はD社の収入となるため、ご子息であるSとTの役員報酬に充てることで所得の分散も図ることができ、納税資金の準備も図れます。

　注意が必要なのが、借地権の認定課税の問題です。法人借地人が、通常権利金を支払う取引上の慣行があるにもかかわらず、権利金を支払わない場合において、支払う地代年額が「相当の地代」の額^(※1)に満たない場合には、原則として権利金相当額の受贈益の認定課税が行われます。

（※1）原則として、その土地の更地価額のおおむね年6％程度（法基通13―1―2、平成元年3月30日直法2―2「法人税の借地権課税における相当の地代の取扱いについて」（法令解釈通達））

　しかし、土地の賃貸借契約を締結する際に、将来において法人がその土地を無償で返還することを定めたうえで、「土地の無償返還に関する届出書」（以下、「無償返還届出書」という）を所轄の税務署へ提出した場合には、借地権の認定課税は行われません。相当の地代の額から実際に収受している地代の額を控除した金額を地主から贈与されたものとして、相当の地代の認定課税をするにとどめることとされています。税務上の仕訳は「支払地代

（損金）／受贈益(益金)」となるため、認定課税により、法人に所得が生じるということはありません。

　権利金の収受に代えて相当の地代を収受している場合も借地権の認定課税を回避できますが、相当の地代の額は「その土地の更地価額のおおむね年6％程度」と高額であるため、ご相談のケースにおいても地代収入がYの相続財産を構成することとなるため、適当ではありません。

　上記理由から、相続税対策としての法人を活用した不動産の組み換えスキームでは、借地権設定時に無償返還届出書を提出することが通常です。

【地代年額の算定方法とイメージ】

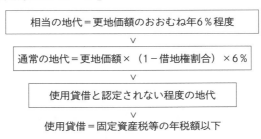

③ 無償返還届出書と貸宅地の相続税法上の評価

　借地人が法人で地主が個人の土地賃貸借契約において、法人借地人が将来その土地を無償で返還することを約し、無償返還届出書を提出している場合には、その貸宅地の評価は、当該土地の自用地としての価額の100分の80に相当する金額によって評価することとされています。[※2]これにより、Yの相続税評価額の圧縮を図ることができます。

（※2）昭和60年6月5日課資2―58（例規）直評9「相当の地代を支払っている場合等の借地権等についての相続税及び贈与税の取扱いについて」(法令解釈通達)の8

④ 小規模宅地等の特例による減額効果

　Yが法人から受け取る地代が使用貸借とは認められない相当の対価であれば、貸付事業用宅地等として小規模宅地等の特例（措法69の4）を適用することも可能です。

　都心の土地であれば平米当たりの相続税評価額が高くなるため、現在所有の他の宅地等の平米当たりの相続税評価額が低い場合には、小規模宅地等の特例の適用による減額の効果も大きくなる可能性があります。

　また、貸付事業用宅地については、原則として相続の開始前3年以内に新たに貸付事業の用に供された宅地等は対象外となりますが、相続開始前3年を超えて引き続き事業的規模で貸付を行っている者の貸付事業の用に供されたものであれば対象となります（措法69の4③四、措令40の2⑲、措通69の4―24の4）

⑤ 使用貸借の場合の相続税評価額と小規模宅地等の特例の適用可否

　使用貸借により貸し付けられている土地等については無償返還の届出書を提出している場合であっても、その土地の評価は自用地評価額により評価され^{（※3）}、事業の用に供されていないため小規模宅地等の特例の貸付事業用宅地等にも該当しません。

（※3）前掲（※2）の8（注）

　のスキームにおいて、D社がYに支払う地代を「使用貸借と認定されない程度の地代（固定資産税の年額や近隣の地代相場などを考慮して決定）」としているのは上記理由によります。

⬤6 結論

　法人を活用した不動産組み換えのスキームは相続税対策としても有効であるほか、キャッシュ・フローが健全化し、後継者に対して優良な財産の承継を図ることができます。不動産の譲渡と購入、その後の相続、相続後の法人への売却という取引段階を踏むため、各段階での税コスト(譲渡所得税・相続税、移転時の流通税、法人税・個人所得税への影響など)を加味したシミュレーションを行い、長期的な目線で計画を策定することが大切です。

38 不動産法人化の視点と民事信託活用

　私A（55歳）は会社役員の傍ら、数棟の収益不動産を所有し賃貸経営をしています。不動産経営は順調ですが、会社からの給与所得と不動産所得を合計すると所得税率が最高税率となり、税負担が重いことが気になっています。

　不動産法人化（法人を設立し、不動産を個人所有から法人所有へ移す）により税負担を抑えることができ、民事信託を活用することにより、さらにメリットもあるという話を聞きました。

　なお、私には息子がいて不動産経営を承継してほしいという思いがあり、ノウハウ共有のため新築物件の管理を任せたいと考えています。

　民事信託を活用した不動産の法人化はどのように進めればよいでしょうか。

解決へのヒント

（1）所得税等（所得税・復興特別所得税及び地方税）の最高税率は約56％、法人税等（法人税及び地方税）の税率は約34％であり、両者には税率差があります。

（2）信託の登場人物は、委託者・受託者・受益者であり、このうち受託者が信託財産の管理又は処分及びその他の信託の目的の達成のために必要な行為を行う権限を有します。

（3）民事信託を活用した場合の課税関係の確認が必要です。

① 不動産法人化の視点

（1）オーナーの年齢

　不動産オーナーの年齢の観点から、「所得税等・法人税等の税率差」と「相続税対策」のポイントを比較すると次のようになります。

	不動産オーナーの年齢が若い	不動産オーナーが高齢
所得税等・法人税等の税率差	長期間「所得税等と法人税等の税率差」を享受できる可能性があり、一般的に不動産の法人化が有効	法人化コストを節税メリットで回収するのに期間を要するため、要件ごとのシミュレーションが必要^(※) （相続発生が近いと予測される場合、不動産の法人化は有効でない）
相続税対策	収益不動産を個人で所有し続けた場合、個人の金融資産が増加し将来の相続財産になるため、一般的に不動産の法人化が有効 （設立法人の株主を相続人とすることも考えられる）	収益不動産を個人所有とすることが、一般的に相続税対策となる （相続発生が近いと予測される場合、不動産の法人化は有効でない）

（※）法人設立費用、各年の住民税均等割、社会保険強制加入、譲渡所得税、登録免許税、不動産取得税、税理士報酬等

（2）物件の築年数

　不動産の築年数の観点から、「所得税等・法人税等への影響」と「相続税対策」のポイントを比較すると次のようになります。

	不動産築年数が浅い（新築）	不動産築年数が法定耐用年数を経過
所得税等・法人税等への影響	減価償却費が生じ、所得が圧縮される	減価償却費がなくなるので、所得の圧縮効果はない。物件に収益性があり所得税率が高い場合、一般的に法人化が有利

相続税対策	築年数が浅い場合、建物の実勢価額と相続税評価額の乖離が一般的には大きく、相続発生が近いと予測される場合は有効	築年数が法定耐用年数を経過する場合、建物の実勢価額と相続税評価額の乖離が少なくなり、一般的に相続税対策の効果は限定的となる

② 民事信託のスキーム

　本件では、自益信託(委託者と受益者が同じ信託)として信託組成し、組成後に信託受益権を新設法人へ譲渡するスキームが考えられます。

　具体的には、受託者を息子、委託者兼受益者を父親であるA、そして信託目的を「信託財産の管理、運用……」とします。

　受益権譲渡は、受益者課税の原則(所法13、法法12)よりAから新設法人へ建物を譲渡したものとみなされます。なお、建物が新築のため、未償却残高を時価と推定でき、未償却残高相当額で譲渡することでAに譲渡所得税が生じることはありません。

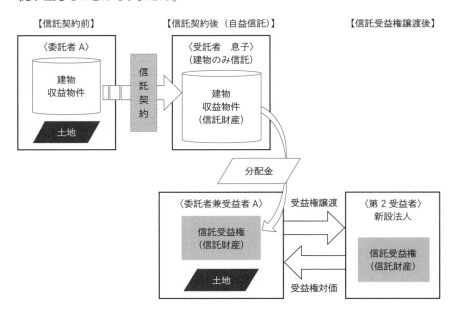

③ 民事信託と「所得税等・法人税等の税率差」

　信託では、受益者課税の原則が取られているため(所法13、法法12)、受益権譲渡後は、受益権を有する新設法人に信託財産から生じる所得に対し法人税等が課税され、Aに所得税等が課税されることはなく「所得税等・法人税等の税率差」のメリットを享受することができます。

④ 民事信託と「登録免許税及び不動産取得税（流通税）」

　新築物件の所有権移転登記を行う場合、固定資産税評価額が高いので登録免許税及び不動産取得税(以下、「流通税」という)は多額となります。しかし、受益権を新設法人へ譲渡する場合は、所有権の移転に伴う流通税は課税されず信託登記の流通税(不動産1件当たり1,000円)のみが課され流通税を抑えることができます。

　なお、信託対象財産が建物のみの場合は、信託終了事由を「信託財産(建物)の消滅」とすることで信託終了時の流通税も抑えることが可能です。

〈参考〉信託登記の流通税

不動産信託	信託開始時	受益権譲渡時	信託終了時
登録免許税 (土地、建物) →所有権移転の登記	―	―	固定資産税 評価額 ×2%
登録免許税 (土地、建物) →信託内容の登記	固定資産税評価額 ×0.3% (土地) ×0.4% (建物)	不動産1件 ：1,000円	不動産1件 ：1,000円 (信託登記の抹消)
不動産取得税 (土地、建物)	―	―	固定資産税 評価額 ×4%

⑤ 民事信託と「地代（信託対象財産が建物のみの場合）」

　信託対象財産を建物のみとする場合、「地代支払い」及び「土地の無償返還に関する届出書」等の検討が必要です。これについては「**37 不動産の組み換えと「無償返還に関する届出書」制度を活用した承継対策**」（224ページ）に記載がありますのでご参照ください。

　なお、信託の場合、この届け出は受益者(新設法人)で行うこととなり、賃貸借契約はAと受託者である息子の間で締結することとなります。

⑥ 結論

　本件は、不動産オーナーが50代と若く、長期的視点で「所得税等と法人税等の税率差」を考慮することができ、短期的な相続対策を検討する必要もないため、早期に不動産法人化を行うことが有効です。また、民事信託を活用することで、不動産法人化に際して生じる流通税を抑えることができ、建物管理等を受託者である息子に託し不動産経営のノウハウを共有できる点はメリットです。

　本件スキームにおいて、新設法人の株主は息子とすることが考えられ、これにより収益不動産から数十年間生じる金融資産をAの相続財産から除くことができます。なお、A所有の貸宅地については、使用貸借と認定されない程度の地代以上で地代設定する等一定の前提のもと、80％評価（「**37 不動産の組み換えと「無償返還に関する届出書」制度を活用した承継対策**」（224ページ）参照）となります。

39 民事信託を活用した株式承継

相談内容

　私は、不動産賃貸業を行う X 社の代表取締役の A です。X 社の株式は私が100％保有しています。私には一人息子の B がおり、B が後継者候補として1年前から会社に入っています。

　X 社の業績は、前期と今期は新型コロナウイルスの影響で一時的に下向きましたが、来期以降は売上の回復が見込まれています。X 社の株価を算定したところ、保有する財産の評価額が下がっていることもあり今までにない低い価額となりました。来期以降は株価が上昇すると予測されるため、株価が低い今のうちに B に株式を贈与したいと考えています。

　しかし、B は若く経験が浅いため、会社の議決権を渡してしまうことには不安を感じています。また、できることなら X 社の株式は B の死後は B の子供、B の子供の死後は B の孫といった具合に、私の直系の尊属に承継させたいと考えているのですが、何かよい方法はないでしょうか。

解決へのヒント

　X社の株式を信託財産とした受益者連続型信託を活用することが考えられます。

　Aを委託者、一般社団法人Yを受託者、Bを第一受益者、Bの子供を第二受益者、Bの孫を第三受益者とする民事信託契約を締結します。

　Bが後継者として成長するまでは、信託財産であるX社株式の議決権行使について、Aを指図権者として定めることもできます。

具体的な信託契約の内容

【信託の目的】

　信託財産である株式の分散を防止し、適切に管理しつつ円滑に後継の受益者に承継させること

【信託財産】X社株式

【委託者】A（X社代表取締役）

【受託者】Y（一般社団法人）

【受益者】

● 第一受益者：B（後継者）、第二受益者：Bの子供、第三受益者：Bの孫

● 第二受益者、第三受益者が複数存在するときの受益割合は均等とする

【受益権】

● 株式から生ずる剰余金の配当及び残余財産の分配を受ける権利

● 信託終了時に残余財産の給付を受ける権利

【議決権行使指図権者】A

【帰属権利者】

　受益者に相続が発生したことにより信託が終了した場合には、最後の受益者の法定相続人とする

【信託の計算期間】1月1日から12月31日まで

【信託期間】

　信託法第91条の規定により、信託設定時から30年経過後に現に存する受益者が受益権を取得した場合に、当該受益者が死亡するか受益権が消滅するときまで

【信託の終了】

● 信託期間の経過

● 受益者に相続が発生し、後継の受益者がいないとき

② 信託関係図

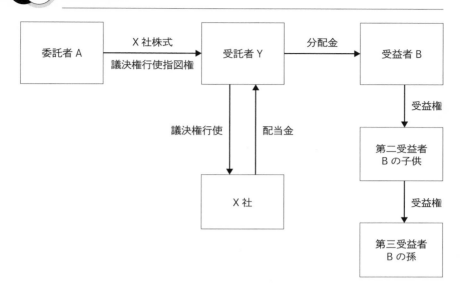

③ X社株式の取り扱い

（1）株式の名義

　信託契約によりX社株式はAからYに信託譲渡されますので、AとYはX社に対して名義変更手続きを行い、Yが株主になります。

（2）議決権の行使

　受託者であるYは、信託財産に属する財産の管理又は処分及びその他の信託の目的の達成のために必要な行為をする権限を有します。ただし、信託行為によりその権限に制限を加えることもできます（信託法26）。

　信託財産である株式の議決権の行使は、株主であるYが行うことになりますが、信託契約において議決権行使の指図権者をAと定めることによって、Aの意思に基づき議決権行使を行うことが可能になります。

（3）配当金の受領

　X社はYに対して、配当の支払いを行います。信託財産と受託者の固有財産は分別管理する必要があるため、YはX社からの受取配当をY固有の銀行口座とは別の口座を設けて管理し、受益者であるBに分配します。

4　信託の税務上の取り扱い

（1）信託設定時

　信託(退職年金の支給を目的とする信託その他一定の信託を除く)の効力が生じた場合において、適正な対価を負担せずにその信託の受益者等(受益者としての権利を現に有する者及び特定委託者をいう)となる者があるときは、その信託の効力が生じた時において、信託の受益者等となる者は、信託に関する権利を信託の委託者から贈与(その委託者の死亡に基因してその信託の効力が生じた場合には、遺贈)により取得したものとみなされます(相法9の2①)。

　消費税法上は、信託行為に基づき信託の委託者から受託者へ信託する資産の移転は資産の譲渡等には該当しません(消基通4−2−1)。

　本件では、信託契約において「委託者A≠受益者B」と定めるため、信託契約を締結したときに、受益者Bに対して贈与税が課税されます。

（2）信託財産運用時

　信託の受益者(受益者としての権利を現に有するものに限る)は、その信託の信託財産に属する資産及び負債を有するものとみなし、かつ、信託財産に帰せられる収益及び費用は受益者の収益及び費用とみなして、所得税又は法人税及び消費税が課税されます。ただし、集団投資信託、退職年金等信託又は法人課税信託の信託財産に属する資産及び負債並びにその信託財産に帰せられる収益及び費用については、この限りではありません(所法13、法法12、消法14)。

　本件信託は、集団投資信託、退職年金等信託、法人課税信託のいずれ

にも該当しない受益者等課税信託になりますので、信託財産であるX社からの配当金については受益者であるB又はBの子孫の所得として所得税が課税されます。

（3）信託終了時

　受益者等の存する信託が終了した場合において、適正な対価を負担せずに信託の残余財産の給付を受けるべき、又は帰属すべき者となる者があるときは、給付を受けるべき、又は帰属すべき者となった時において、信託の残余財産（当該信託の終了の直前においてその者が当該信託の受益者等であった場合には、当該受益者等として有していた当該信託に関する権利に相当するものを除く）を信託の受益者等から贈与（当該受益者等の死亡に基因して当該信託が終了した場合には、遺贈）により取得したものとみなします（相法9の2④）。

　消費税法上は、信託の終了に伴う受託者から受益者又は委託者への残余財産の給付としての移転は資産の譲渡等には該当しません（消基通4-2-1）。

　本件では、受益権に信託終了時の残余財産の受給権が含まれますので、受益者が残余財産を受け取る場合には課税関係は発生しません。しかし、受益者に相続が発生したことにより信託が終了する場合において、帰属権利者が残余財産を受け取る際には、帰属権利者は信託の終了直前の受益者から、残余財産を遺贈により取得したものとして相続税が課税されます。

⑤ 受益者連続型信託

（1）受益者連続型信託とは

　受益者の死亡等により、その受益者の有する受益権が消滅し、他の者が新たな受益権を取得する旨の定め（受益者の死亡等により順次他の者が受益権を取得する旨の定めを含みます）のある信託をいい、信託設定時から30年を経過したとき以降に新たに受益権を取得した受益者が死亡するまで、又は信託が消

滅するまで効力を有します（信託法91）。

（２）課税関係

　第二受益者以降は、新たに受益者になった時に信託に関する権利を直前の受益者から贈与又は遺贈により取得したものとみなされます。

　本件では、Bの死亡により受益権がBの子供に引き継がれた時には、Bの子供は信託財産であるX社株式をBから遺贈により取得したものとみなされ、相続税が課税されます。

（３）受益者連続型信託のメリット

　受益者連続型信託のメリットは、主に次の3つとなります。
- 第二、第三受益者まで指定できる。
- まだ生まれていない孫等を受益者として定めておくこともできる。
- 受益権の移転回数についての制限がない。

⑥ 結論

　ご質問の場合、株価が低いうちにX社の株式をAからBに贈与する一方で、Bが後継者として成長するまでは、Aが議決権を支配しておき、B以降の後継者もAが予め定めておくという目的を叶えるために、Aを委託者、Yを受託者、Bを第一受益者、Bの子供を第二受益者、Bの孫を第三受益者とする受益者連続型信託契約を締結し、信託契約においてX社の議決権行使の指図権者をAとする旨を定めておくことが有用です。

　議決権行使の指図権の承継は、AがBに経営を安心して任せられることになるタイミングで、信託契約を変更して、Bを指図権者とすることにより可能となります。

　受託者を一般社団法人Yとしているのは、受託者が個人の場合には、個人の死亡等により受託者の変更が必要になりますが、法人であれば、信託

の終了まで継続して管理を任せることができるためです。受益者連続型信託の場合、信託期間が長期にわたることが考えられるため、受託者を持分のない一般社団法人にしておけば安心です。また、一般社団法人の理事を親族にすることによって、信託財産の管理・運営・処分を親族の合意で決めることができます。ただし、一般社団法人の設立・運営のための管理コストが発生しますのでご留意ください。

40 受益者連続型信託における登録免許税及び不動産取得税

　私Aは個人事業主として不動産賃貸事業をしていますが、80歳を迎え最近は物忘れが多くなりました。また、私の二男Cは障害があり（配偶者・子供なし）、将来、経済的に安定した生活を過ごせるか不安を感じています。賃貸事業は会社Xを経営している長男Bに承継してほしいと考えています。

　こうしたなか、認知症対策として最近「家族信託」というものがあり、受益者連続型信託とすることで二男の将来の生活不安も解消できる可能性があることを知りました。

　そこで、私Aが所有する賃貸不動産を信託し、私が委託者兼第1受益者となり、第2受益者を二男C、第3受益者を長男Bとし、最終的には長男Bの子供（私Aの孫D）を帰属権利者とする受益者連続型信託を組成したいと思っています。受託者は長男Bの経営する会社Xに依頼しようと考えています。

　しかし、不動産の時価がとても高く、受益者連続型信託の場合の信託終了時の流通税（登録免許税及び不動産取得税）の適用がわからず困っています。

解決へのヒント

（1）「信託契約」を締結することで、Bの経営する会社XがAに代わり受託者として賃貸事業に係る法律行為をすることができます。Aが万が一認知

症になったとしても安心です。

（２）受益者連続型信託にすることで、A亡き後も受益権がCに相続され、Cは受益権から得られる経済的利益で生活することができます。

（３）受益者連続型信託とは、受益者の死亡により他の者が新たに受益権を取得する定めのある信託です。

（４）信託終了時に関する登録免許税と不動産取得税の条文の規定は同じではありません。特に、実務上、不動産取得税については都道府県間での統一見解がなく注意が必要です。

〈信託のスキーム〉

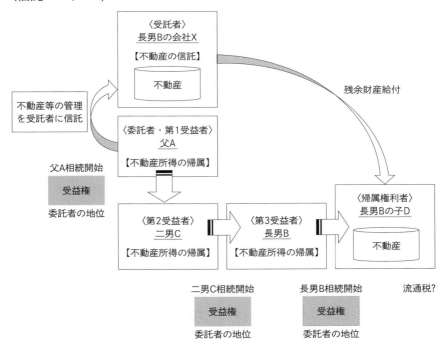

解説

① 流通税を考慮すべき場面

不動産信託	信託開始時	受益権相続時	信託終了時
登録免許税 (信託設定による不動産所有権移転の登記) (登免法9別表第一、同法7②)	—	—	固定資産税評価額 ×2% **減免規定適用可能の場合:0.4%**
登録免許税 (信託内容の登記) (登免法9別表第一、措法72①二)	固定資産税評価額 ×0.3%(土地) ×0.4%(建物)	不動産1件当たり: 1,000円	不動産1件当たり: 1,000円 (信託登記の抹消)
不動産取得税 (土地、建物) (地法73の15、同法73の7四)	—	—	固定資産税評価額 ×4%(原則) **非課税規定適用可能の場合:0%**

② 信託開始時・受益権相続時の流通税

　信託開始時は、固定資産税評価額に対して原則として登録免許税が0.4%生じ、不動産取得税は非課税です。受益権相続時は不動産1件当たり1,000円の登録免許税が必要となります。

③ 信託終了時の登録免許税の取り扱い

　信託が終了して不動産を受託者から帰属権利者に移す場合であって、下記の要件を満たす場合、相続による財産権の移転と同様に登録免許税が減免(2%→0.4%)されます(登免法7②)。

要件①：信託の効力が生じた時から引き続き委託者のみが元本受益者
　　　　である信託
要件②：信託終了時に所有権を取得する受益者(帰属権利者)が信託の
　　　　効力発生時の委託者の相続人であること

④ 登録免許税に関する文書回答事例

　国税庁ホームページの文書回答事例^(※)では、信託の終了に伴い帰属権利者が受ける所有権の移転登記時の登録免許税の適用について、上述❸の要件①(信託の効力が生じた時から引き続き委託者のみが元本受益者である信託)の継続状況をどのように考えるかが問われています。

(※) 国税庁文書回答事例「信託の終了に伴い、受託者兼残余財産帰属権利者が受ける所有権の移転登記に係る登録免許税法第7条第2項の適用関係について」(平成30年12月18日 名古屋国税局)

　背景としては、信託法では、信託が終了した場合においても、その清算が結了するまで信託はなお存続するものと擬制され(信託法176)、帰属権利者は、当該清算中は受益者とみなされる旨(信託法183⑥)が規定されているためです。

　文書回答事例では、「本件信託に係る委託者の地位は、帰属権利者(受益者)として指定されている者が取得し、委託者の権利については、相続により承継されることなく消滅します」とし、上述❸の要件①の委託者兼受益者の状況が信託期間中、常に継続するように信託契約を作成することにより、上述❸の要件①が満たされることが示されています。

　受益者連続型信託についても、信託契約で「委託者の地位」を「受益者」が常に引き継いでいくことにより、上述❸の要件①を満たすと考えます。

⑤ 信託終了時の不動産取得税の取り扱い

　受託者から受益者(帰属権利者)に信託財産を移す場合における不動産の取得について下記の要件を満たす時は、相続による財産権の移転と同様に不動産取得税は非課税(4%→0%)とされています(地法73の7四ロ)。

> 要件①：信託の効力が生じた時から引き続き委託者のみが元本受益者
>   である信託
> 要件②：受益者(帰属権利者)が信託の効力が生じた時における委託者
>   から相続(包括遺贈等含む)をした者であること

⑥ 不動産取得税に関する実務担当官の見解

　上述「⑤ **信託終了時の不動産取得税の取り扱い**」について、「月刊税(2011年8月号)ぎょうせい」の75ページ〜 79ページにおいて、東京都主税局資産税部担当官が、信託受益権の相続が複数回生じた事例について、相続の場合は所有権取得による課税関係は非課税であるので、信託財産の引継ぎにおいても相続による所有権移転の規定との均衡を重視した解釈をするべきである見解を私見として記載しています。

　すなわち、信託受益権の相続が複数回生じた場合で上述⑤の要件②(受益者(帰属権利者)が信託の効力が生じた時における委託者から相続(包括遺贈等含む)をした者)に該当しない場合、文理解釈上は非課税規定の適用はないことになりますが、立法趣旨を鑑みた行政担当官の見解はこの場合も非課税とすべきとしています。

⑦ 結論

　信託終了時に残余財産の給付として、受託者XからDに不動産が移転する場合を前提とすると、上述の③の要件①及び⑤の要件①は、いずれ

の流通税でも委託者兼受益者の状況が常に継続するような信託契約を作成することで満たすことができます。

しかし、上述の❸の要件②及び❺の要件②について、登録免許税は信託終了時に所有権を取得する帰属権利者であるDが信託の効力発生時の委託者であるAの相続人でないため満たしません。また、不動産取得税についても信託の効力が生じた時における委託者Aから相続するのは相続人のBとCですのでDは満たしません。

したがって、文理解釈上は登録免許税及び不動産取得税について、相続同様の減免・非課税措置は適用されないものと考えます。

一方で、不動産取得税の実務担当官の見解によると、AからCへ受益権の相続、CからB（Cの唯一の相続人）へ受益権の相続、そして信託終了によるBからDへの経済的利益の移転（信託終了による受託者からの残余財産給付）について非課税適用することは、相続による不動産の所有権移転を非課税としていることとの均衡を図るという趣旨に合致することとなりますので非課税となります。

しかしながら、これは都道府県での統一見解ではなく、実務を行う担当官による取り扱いの違いも想定できるところ、当該見解のみによることはリスクがあると考えます。

以上より、不動産取得税の実務担当官の見解（不動産取得税の非課税措置の立法趣旨）を踏まえたうえで、最終的には条文の文理解釈を採用するべきと考えます。

今後、受益者連続型の信託における流通税の取り扱いが整備される可能性はありますが、信託終了時の課税関係については、帰属権利者Dにも情報共有しておくべきでしょう。

第**6**章

持分の定めのない法人

41 事業承継対策で社団法人・財団法人を利用する際の留意点
－平成30年度税制改正を踏まえて－

相談内容

　私A（非上場会社経営者）は事業承継対策の一環として、個人で保有する収益不動産を新たに設立する社団法人へ移転し、当該法人が保有し続けることで私の息子B・C以降の世代にも当該不動産を維持してほしいと考えています。

　このような場合、どのような手法で当該法人へ財産を移転させればよいでしょうか。また、留意点はありますか。

解決へのヒント

　事業承継対策における社団法人への財産の移転方法は、ご質問の場合には譲渡がよいと考えます。また、移転後は、社団法人に対する相続税課税に留意しつつ、長期にわたって安定的に法人を運営（支配）していくための役員等の適切な人選とガバナンス、資金繰りなどがポイントになります。

(注) 以下解説における「社団法人」とは、特段記載のない限り公益社団法人及び一般社団法人のうち非営利型法人（法法2九の二）以外の法人であることを前提とします。

解説

① 社団法人への財産の移転の検討

　個人が社団法人に金銭以外の財産を移転させる手法には「贈与」と「譲渡」

がありますが、一般的には譲渡が望ましいとされています。個人から社団法人に対する贈与については、財産の移転時に贈与をした個人（所得税）と譲り受けた法人（法人税）の両者に課税が生じるためです。

（１）不動産を「譲渡」により移転した場合の課税関係

　適正な時価での譲渡であれば、譲渡をした個人において、収入金額が取得費等を上回る部分について譲渡所得税が課税されますが、法人において課税関係は生じません。

（２）不動産を「贈与」により移転した場合の課税関係

①個人側の課税関係

　個人から法人への贈与については、その時における時価により資産の譲渡があったものとみなして、時価が取得費等を上回る部分について譲渡所得税が課税されます（所法59①）。

②法人側の課税関係

　社団法人が個人から贈与を受けた場合、まず法人の受贈益課税の対象となります。さらに、贈与をした者の親族等の特別の関係がある者の相続税又は贈与税が不当に減少すると認められるときは、その法人を個人とみなして贈与税が課税されます（相法66④。ただし、法人の受贈益について課税された法人税等に相当する金額は控除します（相法66⑤））。

　どのような場合に「不当に減少すると認められる」かの判定についての詳細は、本書においては割愛しますが、親族等による私的支配を意図するものは「不当に減少すると認められる」と考えられます。

❷ スキームの概要と特定一般社団法人等に対する相続税課税制度

　社団法人には持分がないため、従来は一度財産を移転させれば、子や後継者が当該法人の理事・社員に就任することで、相続税が課税されることな

く法人の私的支配による実質的な資産の承継が可能でした。

　しかし、平成30年度税制改正により上記スキームに対応する規定が創設されたため、新たに承継対策で社団法人を利用する場合には、同改正の内容を理解したうえで検討する必要があります。

（1）特定一般社団法人等に対する相続税課税制度（平成30年度税制改正）

　「一般社団法人等」の理事である者（理事でなくなった日から5年を経過していない者を含む）が死亡した場合に、その法人が「特定一般社団法人等」に該当するときは、一定の方法により計算した額に相当する金額を被相続人から遺贈により取得したものとみなして、その特定一般社団法人等に相続税を課税する制度が創設されました（相法66の2、相令34）。

● 一般社団法人等（相法66の2②一）

　一般社団法人又は一般財団法人（相続開始時において公益社団法人又は公益財団法人、非営利型法人（法法2九の二）等に該当するものを除く）をいう。

● 特定一般社団法人等（相法66の2②三）

　一般社団法人等のうち、次のいずれかの要件を満たすもの。

（ⅰ）相続開始の直前において、理事総数のうち同族理事の占める割合が2分の1を超えること[※]

（ⅱ）相続開始前5年以内において、理事の総数のうち同族理事の占める割合が2分の1を超える期間の合計が3年以上であること[※]

　　（※）同族理事とは、一般社団法人等の理事のうち被相続人、その配偶者又は3親等内の親族など一定の特殊の関係がある者をいいます（相法66の2②二）。

● 遺贈により取得したものとみなす金額（相法66の2①）

$$\frac{相続開始時の特定一般社団法人等の純資産額}{相続開始時の同族理事の数に1を加えた数}$$

（2）スキームの概要

　（1）の規定は、一般社団法人等の理事である者が死亡した場合の規定

であるため、そもそもAが当該法人の理事でなければ、Aに相続が発生したとしても同規定の適用はありません。

　したがって、設立時から子B・Cを理事とし、Aからの財産の移転の方法を適正な時価による譲渡とすることで、Aの代での税コストは譲渡時の譲渡所得税のみで完結します。譲渡対価はAの相続財産を構成しますが、今後の生活費等での費消や生前贈与対策などにより相続財産を圧縮することが可能になります。

　譲渡の場合には法人において財産を取得するための資金を調達する必要があり、金融機関から借入れを行う場合には利息の支払いと元本の返済計画を立てなければなりません。本件不動産の収益力でそれらの支払いや、それらを考慮しても役員に対する報酬の支払いが可能かどうかも、事前に検討する必要があります。

〈イメージ図〉

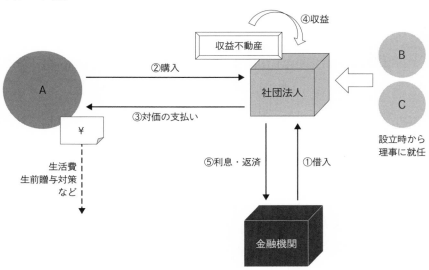

③ 適切な機関設計・人選の検討

社団法人は社員2人(設立後は1人で可)、理事1人での設立が可能ですが、既述の通り、社団法人に相続税が課税されないようにするためには、同族外の理事を2分の1以上とする必要があります。設立時の理事は子B・Cのみでも差し支えありませんが、将来的にはB・C以外に、少なくとも同族外の理事を2名就任させる必要があります。

同族外の理事として考えられるのは、同族理事に該当しない3親等より遠い親族や、親族外の信頼できる第三者が挙げられます。これらの者の利益にも配慮しつつ、慎重な運営が求められることになります。

機関設計や人選を誤ったことによるトラブルの例として、①法人の資産を売却するなどの法人資産の流用、②知らぬ間に社員を増やすことによる法人の乗っ取り、などが考えられます。

④ 結論

ご質問のような社団法人を利用した事業承継対策を行う場合には、少なくとも事前に次の①〜③を検討する必要があります。

①設立時

長期にわたって安定的に社団法人を運営(支配)していくためのガバナンスや適切な人選の検討

②資産移転時

(ⅰ)Aが社団法人へ土地を譲渡する際の譲渡所得税のシミュレーション

(ⅱ)社団法人の不動産購入時の買取資金の工面

③法人の運営時

(ⅰ)借入金・利息の返済計画や報酬の支払いなどの資金繰りシミュレーション

(ⅱ) 社団法人に相続税が課税される場合は、その納税対策のシミュレーション

　なお、持分の定めのない法人に対する相続税課税制度は今後も厳格化していくことが予想されますので、今後の税制改正の動向にも注意が必要です。

　私Ｚは電気メーカーＢを経営しています。事業をグローバルに展開し、大手企業の省人化投資の波に乗り、近年大きく業績を伸ばしています。10年前は株式上場を考えましたが、上場すると短期の業績を求められ、じっくり事業を育てることが難しくなる可能性があるので、非上場企業のままとすることを決めました。

　ところで、私は来年70歳になるので数年内に社長職を息子Ｙに譲り、私は会長に就任し経営の一線から退く予定です。会長になれば時間に余裕ができるので、今までお世話になった地域、社会への恩返しとしての活動を行いたいと考えています。

　そこで、企業オーナーとして財団法人を設立し、その法人を通して社会貢献活動を行いたいと考えていますが、財団法人とはどのような法人なのでしょうか。また、どのように設立できるのでしょうか。

解決へのヒント

　財団法人はある目的のために拠出された財産の集合体に法人格を持たせたものであり、いわゆる持分の定めのない法人です。「持分の定めのない法人」とは、株式会社のように出資に対して持ち分があるのではなく、定款等又は法令の定めにおいて、出資をした者がその法人に残余財産の分配請求権又は払戻請求権を行使することができない法人をいいます。

　このような特徴を持った財団法人は社会貢献の活動機関としてはもとより、

企業オーナーが保有する自社株の受け皿となることにより事業承継対策にもつながることから広く利用されています。

·· 解説 ··

　財団法人には「一般財団法人」と「公益財団法人」とがあります。公益財団法人になるためには、まず一般財団法人を設立し、行政庁(内閣府又は都道府県)の認定を受ける必要があります。

❶　一般財団法人の設立

（１）設立方法

　一般財団法人は、株式会社等の通常の法人と同様の手続きで設立することができます。

　大きな流れとしては、 公証人による定款認証 ⇒ 拠出財産の振込 ⇒ 必要書類の法務局への提出 となり、決めるべき主な事項は次ページの通りです(定款・登記書類の作成は司法書士等の専門家に依頼することをお勧めします)。

（２）非営利法人としての設立

　上記のように一般財団法人は登記により設立できますが、法人税法上は普通法人に該当し、通常通り法人税が課税されます。しかし、以下の要件のすべてに該当する法人は、非営利性が徹底された法人として収益事業以外の事業に法人税は課税されません(法法2九の二イ、法令3①、国税庁「新たな公益法人関係税制の手引き」)。つまり、一般財団法人が受け取る寄附、利息、配当には法人税が課税されません。

①剰余金の分配を行わないことを定款に定めていること

②解散したときは、残余財産を国・地方公共団体や一定の公益的な団体に贈与することを定款に定めていること

①	名　　　　称	一般財団法人　○○○○○○
②	事 務 所 所 在 地	
③	設　　立　　者	
④	設立者拠出財産	現預金　○○千円（3,000千円以上） ⇒財団法人は純資産3,000千円以上が必要なため、通常は5,000千円以上とし、設立・事業開始までの費用を充当することが多いです。
⑤	財産の振込口座	○○○銀行○○○支店　○○口座　№.○○○○
⑥	設立時代表理事	
⑦	目　　　　的	この法人は、○○することによって、社会に貢献・寄与することを目的とする。
⑧	事 業 内 容	【例】（１）奨学金の支給 　　　（２）前号の奨学生に対する指導及び助言 　　　（３）奨学生の交流 　　　（４）その他この法人の目的を達成するために 　　　　　　必要な事業
⑨	設 立 予 定 日	2023年　○月　○日
⑩	決　　算　　日	○月　末日
⑪	役　員　等 理　事3名以上： 監　事1名以上： 評議員3名以上：	
⑫	役 員 等 の 任 期	【通常】理事　2年　　監事・評議員　4年

③上記①及び②の定款の定めに反する行為（上記①、②及び下記④の要件に該当していた期間において、特定の個人又は団体に特別の利益を与えることを含む）を行うことを決定し、又は行ったことがないこと

④各理事について、理事とその親族等である理事の合計数が、理事の総数の3分の1以下であること

(注) 非営利性が徹底された法人は、理事においてのみ親族等の割合が3分の1以下であることが要件となっていますが、公益法人への移行や株式の寄附を検討している場合は、設立当初から理事・監事・評議員のすべてについて親族・会社関係者の割合を3分の1以下としておくほうがよいでしょう。

（3）財団法人の機関

財団法人は理事・監事・評議員から構成され、それぞれ次の役割があります。以下の通り、財団法人の代表は理事から選出されますが、その理事は評議員によって選ばれることから、評議員の人選が重要になります。

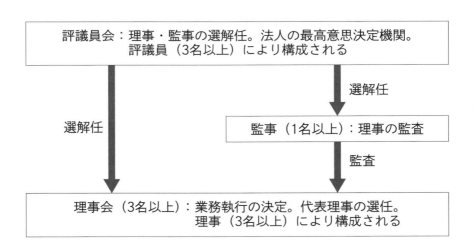

（4）財源

企業オーナーが社会貢献のために設立する一般財団で収益事業を行うことはほとんどなく、B社からの寄附金や、オーナーから寄附されたB社株式

から生ずる配当を事業費に充当するのが一般的です。したがって、設立前に財源について一定の目途をつけておく必要があります。

（5）事業

　事業については財源の問題とともに考慮する必要があります。寄附や配当等により事業活動を行う場合は人件費等のコストがかかる事業を行うのではなく、限られた財源を最大限社会貢献に生かせる事業として、学生への奨学金給付事業や研究者等に対する助成事業が多く選ばれています。

　また、将来的にB社の株式を財団法人へ寄附するのであれば、議決権をもつ財団法人を適切に保全・管理していく必要があるので、次世代が財団法人の運営に関与していかなければなりません。そういった観点からも、シンプルな事業を選択し次世代以降の負担軽減に配慮することが必要です。

② 結論

　持ち分の定めのない法人は、その特徴により、事業承継対策の選択肢の1つとなり得ます。一方で、持分のない法人は出資を通じた支配ができませんので、理事会・評議員会を通じて財団法人を管理・運営していく必要があります。

43 公益財団法人と 一般財団法人の違い

相談内容

　先日相談（ 42 参照）しました、電気メーカーBを経営しているZです。最近、公益事業を行うために一般財団法人を設立しました。ところで、財団法人には公益財団法人と一般財団法人があるとのことですが、どのような違いがあるのでしょうか。どちらを選ぶべきか、制度の概要とポイントを教えてください。

解決へのヒント

　財団法人には公益と一般の2種類があります。公益財団法人は行政庁による監督があり、しっかりとしたガバナンスと事業の継続性を担保するための財政的な基盤が必要になります。一方、一般財団法人は行政庁による監督がありませんので、 42 （256ページ）で説明した非営利法人の要件を順守している限りにおいて、自由に事業を実施することができます。

　実施しようとする事業の内容や財政的基盤等を考慮して、公益財団法人となるか、一般財団法人のままとするか判断することになります。

解説

1 公益認定の概要

　公益認定は、一般財団法人（又は一般社団法人）が公益認定申請書を提出

し、民間有識者がその申請書を「公益社団法人及び公益財団法人の認定等に関する法律」(以下、「公益認定法」という)に基づき判断し、行政庁が公益認定します。提出先は、活動が2つ以上の都道府県にまたがって行われる場合は内閣府、1つの都道府県内で行われる場合は都道府県となります。

　公益認定基準は具体的に公益認定法第5条に列挙されており、主要なものとしては以下の通りです。

①公益目的事業を行うことが主たる目的であること

②公益目的事業を行うのに必要な経理的基礎と技術的能力を有すること

③財団関係者や設立者が出資している営利企業等に特別の利益を与えないこと

④公益目的事業に係る収入がその公益目的事業の費用を超えないと見込まれること(収支相償)

⑤公益目的事業費が総費用の50%以上になると見込まれること(公益目的事業比率)

⑥遊休財産額(≒BS「流動資産」−BS「流動負債」)が年間の公益目的事業費を超えないと見込まれること(遊休財産規制)

⑦同一親族及び同一団体関係者がそれぞれ理事・監事・評議員の3分の1を超えないこと

⑧役員報酬等が不当に高額とならないような支給基準を定めること(勤務実態の伴わない報酬は支給できない)

⑨公益認定取消しの場合に公益目的取得財産残額(公益事業のために寄附を受けた財産の残額)を類似の事業を目的とする公益法人等に贈与する旨の定款の定めがあること

 2　公益法人(公益財団法人、公益社団法人)のメリット・デメリット

(1)メリット

● 社会的な信頼

上記のような公益認定法の基準をクリアしないと公益法人にはなれないので、公益法人となることは社会的に信頼し得る法人であることの証明となります。実際、対外的な活動において「公益法人」であると初対面の相手であっても信頼されるため、事業が進めやすいと感じることが多々あることでしょう。

● 税制優遇措置がある

　公益認定されると、主として以下のような幅広い税制上の優遇措置が受けられます。

- ・利子・配当などの源泉所得税の非課税措置(所法11)。
- ・公益法人が収益事業を行っている場合、収益事業の資産からその公益法人が行う公益目的事業へ支出した時、その支出が寄附とみなされるみなし寄附金制度(法法37⑤、法令77の3)
- ・個人、法人寄附者に対する寄附金控除制度(法法37④、法令77三、法令77の2、所法78①・②三、所令217三)

(2) デメリット

● 事務負担の増加

　社会的な信用と幅広い税制優遇措置を受けられることから、公益法人となった後も公益認定基準を順守しなければなりません。具体的には、①公益認定申請の内容と同様の事業の運営、②理事会・評議員会の法令に則った開催、③会計帳簿の作成等が必要になります。これらを役員だけで運営・管理するのではなく、事務局を置いてガバナンス体制を構築することが求められます。

● 行政庁による監督・情報公開

　行政庁への毎年の報告義務や、行政庁による定期的(3年に1回程度)な立入検査を受ける必要があります。また、公益法人には情報公開も求められており、要請があれば財務諸表、定款、役員名簿等を公開する必要があります(ホームページにおいて財務諸表や定款、役員名簿を公開している公益法人も多くあ

ります）。

◯3 結論

　上記の通り、公益法人になると行政庁による監督や情報公開により、財団法人の運営に対して一定のけん制効果が働くことが期待されます。例えば、財団法人が事業会社の株式の寄附を受けるなど重要で多額の財産を持った場合、公益財団法人であれば財産の流出など不正が起きにくく、一般財団法人より永続性が高くなると考えられます（結果的に財産の適正な管理につながる）。

　まずは、一般財団法人において何年か実際に事業を運営しながら、公益財団法人を目指すかどうか判断してもよいのではないでしょうか。

44 一般社団法人を活用した株式の買い集め

相談内容

　私は電子部品製造業を営む非上場会社 X 社の社長です。X 社は私の曾祖父が創業し、祖父、父と社長を引き継ぎ、私で4代目です。X 社の株式は、曾祖父の相続からそれぞれの子供たちに引き継がれ、今では遠縁の親族である株主が多数存在しています。このままでは親族の相続に伴い株主が増えていくことになり、会社経営に支障が出る可能性があるため、私の代で株式の集約を図りたいと考えています。

　私個人が株式を買い取ることも考えましたが、できるだけ低い価額で買い取りたいと顧問税理士に相談したところ、従業員の福利厚生活動を目的とした一般社団法人を設立して、株式を買い取ることを提案されました。この場合に注意する点などがあれば教えてください。

　なお、弊社はこれまで第三者との株式の売買実績はありませんし、株主のうち役員に就任しているのは私だけです。

〈X 社の株主構成〉

株主	議決権割合	株主	議決権割合
社長	50%	従妹	4%
社長の姉	12%	従妹	4%
社長の妹	12%	従妹	2%
伯父	4%	再従従妹	2%
叔母	4%	再従従妹	2%
従妹	4%	合計	100%

（1）相続などにより分散された株式を買い集める際には、買主が誰かによって課税関係が異なります。

（2）社長が株式を買い取る場合には、適用される税務上の時価は原則的評価方式による高い株価になります。

（3）少数株主である個人株主が少数株主となる一般社団法人に株式を売却する場合には、適用される税務上の時価は配当還元方式による低い株価になります。

（4）設立する一般社団法人は、非営利型法人となるよう設計することにより収益事業以外の収入に対する法人税が非課税となります。

解説

1 株式の売買価格

　親族から自社株を買い取る際には、税務上の時価を考慮して価額を決定する必要があります。税務上の時価は売主・買主の議決権の状況により異なります。次の図をご参照ください。

　X社の場合には、社長と社長の姉妹は原則的評価方式、その他の親族と新たに設立する一般社団法人は配当還元方式による評価額を時価とみなします。一般的には原則的評価方式による評価額の方が配当還元方式による評価額よりも高くなる傾向にあります。

株主の態様 (同族株主のいる会社)[※1]				評価方法
同族株主	取得後議決権割合5%以上			原則的評価方式
	取得後議決権割合5%未満	中心的な同族株主[※2]がいない場合		
		中心的な同族株主がいる場合	中心的な同族株主	
			役員である株主又は役員となる株主	
			その他	配当還元方式
同族株主以外の株主				

(※1) 評価会社の株主のうち、課税時期において株主の1人及びその同族関係者 (法令4) の有する議決権の合計数が、その会社の議決権総数の30% (50%超のグループがある場合は50%) 以上である場合におけるその株主及びその同族関係者 (財基通188 (1))。

(※2) 同族株主とその配偶者、直系血族、兄弟姉妹及び一親等の姻族 (一定の法人を含む) の議決権割合の合計が25%以上である場合のその株主 (財基通188 (2))。

② 売買価額が時価と異なる場合の課税関係

(1) 個人売主から個人買主への譲渡

「売買価額＜時価」の場合、その差額について、個人売主から個人買主への贈与があったものとみなされます。

社長が親族から原則的評価方式よりも低い価額で買い取りを行った場合には、その差額について社長に贈与税が課税される可能性があります(相法7)。

(2) 個人売主から法人買主への譲渡

個人が法人に対して時価の2分の1未満で譲渡を行った場合には、時価により譲渡があったものとみなされ、譲渡所得税が課税されます(所法59①二、所令169)。

法人サイドでは、時価と譲渡価額の差額は受贈益として法人税の課税対象になります。

ご相談の場合、一般社団法人は同族株主以外の株主のため、配当還元方式が適用されますので、社長の姉妹以外の親族から配当還元方式による低い価額で株式を買い取ったとしても、みなし譲渡所得や受贈益の課税は発生しません。

　一方、社長の姉妹は中心的な同族株主に該当するため、原則的評価方式が適用されます。このため、原則的評価方式による株価の2分の1以上の価額で譲渡を行わなければ、みなし譲渡課税の問題が発生します。

③ 一般社団法人による買い取り

1. 一般社団法人の設立

　一般社団法人は、主たる事務所所在地において登記を行うことにより設立できます。

　定款において社員の資格をX社の従業員及び役員とし、法人の主たる事業目的を社員のための福利厚生活動やその他の公益活動として、非営利型法人の要件を満たす設計にしておきます。

　従業員の福利厚生活動を目的とした非営利事業として、例えば、表彰金の支給や従業員を対象とした奨学金支給、従業員の部活動の支援、レクリエーション活動の補助、などが考えられます。

　また、理事にはX社の役員が就任し、運営実務はX社が担う設計にしておけば、永続的に安定した運営を行うことができます。

　一般社団法人の独立性の観点から、社団の役員（理事）に社長又は社長の親族が就任することは避けたほうがよいでしょう。

2. 非営利型法人の要件

（1）非営利性が徹底された法人（法法2九の二イ、法令3①）

　一般社団法人のうち、その行う事業により利益を得ること又は得た利益を分配することを目的としない法人で、次の要件を満たす法人をいいます。

① 定款に剰余金の分配を行わないことを定めていること

② 定款に、解散したときは、残余財産を国もしくは地方公共団体、公益法人等に贈与する旨を定めていること

③ ①及び②の定款の定めに違反する行為(①、②及び④のすべての要件に該当していた期間において、特定の個人又は団体に特別の利益を与えることを含む)を行うことを決定し、又は行ったことがないこと

④ 各理事について、理事とその理事の配偶者、3親等内の親族等の合計数が、理事の総数の3分の1以下であること

(2) 共益的活動を目的とする法人 (法法2九の二ロ、法令3②)

　一般社団法人のうち、会員からの会費により、会員に共通する利益を図るための事業を行う法人で、次の要件を満たす法人をいいます。

① 会員の相互の支援、交流、連絡その他の会員に共通する利益を図る活動を行うことを主たる目的としていること

② 定款(定款に基づく約款その他これに準ずるものを含む)に会員が会費として負担すべき金銭の額の定め、又は金銭の額を社員総会の決議により定める旨を定めていること

③ 主たる事業として収益事業を行っていないこと

④ 定款に特定の個人又は団体に剰余金の分配を受ける権利を与える旨の定めがないこと

⑤ 定款に、解散したときは、残余財産が特定の個人又は団体(国もしくは地方公共団体、公益法人など又は類似の目的を有する他の一般社団法人等を除く)に帰属する旨の定めがないこと

⑥ ①から⑤まで及び⑦のすべての要件に該当していた期間において、特定の個人又は団体に剰余金の分配その他の方法(合併による資産の移転を含む)により特別の利益を与えることを決定し、又は与えたことがないこと

⑦ 各理事について、理事とその理事の配偶者、3親等内の親族等の合計数が、理事の総数の3分の1以下であること

一般社団法人の運営をX社の配当金で賄う場合には（1）の「非営利性が徹底された法人」の要件を、会費を徴収して行う場合には（2）の「共益的活動を目的とする法人」の要件を満たすように設計することが考えられます。

（3）非営利型法人の課税範囲

非営利型一般社団法人に対しては、販売業、製造業その他34種の収益事業についてのみ法人税が課税されます（法法2十三、6、法令5）。

設立する法人を非営利型の一般社団法人にしておくことによって、仮に時価よりも低い価額で株式を買い取った場合でも、受贈益に対して法人税は課税されないことになります。

また、買い受けた株式の配当収入については、20.42％の源泉所得税が課税されますが、法人税法上の収益事業には該当しないため、法人税は課税されません。

（4）株式の購入資金

一般社団法人での株式購入資金や事業に必要な資金は、当初はX社からの寄附とし、X社からの配当が相当程度の水準に達した後は、配当金を株式の買い取りや事業資金に充てるのがよいでしょう。

寄附を行う場合に、X社においては限度額の範囲内で法人税の計算上損金に算入できますが、社長が寄附をした場合には、個人の所得税の計算上、寄附金控除の適用はありません（法法37①、法令73①、所法78①、②、所令217三）。

4 結論

親族に分散された株式をそのままにしておくと、相続を繰り返す度に益々分散してしまいます。縁が薄くなれば交渉も難しくなるため、早いうちに株式を集約することが肝要です。

X社の場合、社長個人やX社が低い価格で株式を買い取る場合には、社長個人や株主間での贈与税の課税問題が発生する可能性がありますが、非営利型一般社団法人で買い取りを行う場合には、課税問題は回避できると考えられます。

　福利厚生を目的とした非営利活動を行う法人が買い受けるということで、買取交渉の際に説明がしやすくなることも期待できます。

　ただし、一般社団法人の運営については、株式を買い取ったら終わりではなく、継続的に運営していく必要がありますので、会社や一部従業員の負担は増えます。社団の目的に沿って、X社や社長に対する特別な利益供与をしないように注意しながら運営していかなければなりません。

第7章

その他

45 多額の資本金等となる場合の合同会社の利用

　私Xは、父親から引き継いだ建設業を経営してきました。今後は同族による経営を維持していくのは難しいので、利益の出ているうちに現金化した方がよいと考え、先日、私が所有するすべての株式を投資ファンドに40億円で売却しました。この譲渡に係る所得税を支払った後は、約30億円が手元に残る予定です。

　私は50代で、今後の人生を考えると引退するには早いし、2人の子もまだ高校生と中学生なので、親が働かない姿を見せるのは教育上よくないと考えています。したがって、今後は手元にある30億円を使って不動産事業を行おうと考えており、将来はその事業を子供に引き継いでいくつもりです。

　不動産事業は当面私1人で運営しようと考えていますが、個人名義ではなく法人名義で事業を行いたいと思っています。ただ、私には法人を設立した経験がなく、将来の子どもたちへの事業承継に備えて、どのような点に注意すればよいでしょうか。

解決へのヒント

　まず、手元の30億円を新たに設立する会社に入れるには、Xから、（1）資本金等として出資する、（2）会社に貸し付ける、という2つの方法があります。次に、設立する会社の形態は、主として①株式会社と②合同会社の2つがあります。

①及び②それぞれの会社形態の特徴や設立コスト、事業承継時における貸付金と株式の評価方法等を理解することによって、Xに合った設立方法を選択すべきです。

解説

① 法人への資金注入方法の検討

　法人への資金の注入方法としては、主に、次の（１）Xからの出資と（２）Xからの貸付けの2つの方法が考えられます。どちらを選ぶかの判断基準の1つとして、相続時の財産評価があります。

（１）「出資」の場合の相続時の財産評価

　会社に資本として出資した場合、Xは株式を保有することになり、その株式の評価額は、相続税に係る評価方法を定めた財産評価基本通達によることになります。

　不動産の取得時期や会社の収益等にもよりますが、一般的には株式の取得価額(ここでは30億円)よりも相続税評価額の方が低く評価されることが多いため、同じ30億円を現金で持つよりも株式にした方が、財産評価の面では有利となります。

　Xは50代とまだ若く、出資後に、その法人の株式評価の引き下げ対策や、株式の承継準備、相続税の納税資金対策をじっくり行うことができるので、出資(30億円)による法人設立は検討すべき選択肢です。

（２）「貸付け」の場合の相続時の財産評価

　設立法人へ30億円を貸し付ける場合は、Xの現金が貸付金に代わるのみであり、相続時の評価はそのまま30億円となります。

② 合同会社設立の検討

　会社設立の形態としては株式会社が一般的ですが、合同会社も選択肢の1つとして考えるべきです。

　近年、合同会社の設立も増加しつつありますが、その内容についてはあまり知られていないところがあります。合同会社は、以下のように、出資者の有限責任が確保されつつ、柔軟な運営が可能となる法人です。

（1）株式会社と合同会社の主な相違点

		株式会社	合同会社
設立時	定款の認証	必　要	不　要
	出資時の資本金となる金額	払込金額の2分の1を超えない金額を資本準備金として処理	資本金の額は任意で決めることができ、残額はその他資本剰余金として処理
	設立費用	約20万円〜	約6万円〜
業務執行	役員の形態	取締役1名以上、監査役任意 出資者以外の選任可能	社員1名以上 出資者のみ（法人も可）
	役員の任期	取締役：原則2年（最長10年） 監査役：原則4年（最長10年）	任期なし
	機関	株主総会は設置義務あり 取締役会は任意	制約なし 社員総会は任意設置
その他	決算公告	必　要	不　要
	株式の公開	可　能	不　可

（2）設立コスト

　法人の設立費用のうち一番大きいのは、登記される資本金の額に応じて課される登録免許税です。この登録免許税は、資本金の額に0.7%を乗じて計算されます。

　ご相談の場合、株式会社と合同会社では、登録免許税はそれぞれ以下の通りとなります。合同会社の資本金を小さくすることにより、登録免許税を1,000万円以上節約できます。

①株式会社の場合

1,500,000,000円 × 0.7% ＝ 10,500,000円

(注1) 前項の表のように、30億円のうち15億円以上を資本金とする必要があります。残りの15億円は資本準備金となります。

②合同会社の場合

1,000,000円 × 0.7% ＝ 7,000円 ⇒ 6万円

(注2) 資本金を100万円とし、残りはその他資本剰余金とします。
(注3) 上記の計算式で、6万円に満たない場合は6万円となります。

（3）機関設計等

　当面はX1人で運営するということであれば、任期のない合同会社で、Xが代表社員となればよいと考えます。将来、例えば出資者でない子や血縁関係のないビジネスパートナーを役員として受け入れる必要が生じた場合は、その時点で株式会社への転換を検討すべきです（合同会社から株式会社、株式会社から合同会社へは、一定の手続きを経て組織変更することができます）。

③ 結論

　ご相談の場合、会社へは30億円出資し、合同会社形態で設立するのも1つの選択肢と考えます。

　ところで、不動産投資は、相続税を節税できるかどうかではなく、第一にビジネスとして成り立つかどうかで判断する必要があります。そして、会社の形態については、将来どのような事業展開を行うかを想定して決定すべき事項であり、設立費等のコストについては判断材料の1つとして考えるべきです。

兄弟間で株式を相互保有している場合

相談内容

　私たちは、建設業を営むＡ社を経営する長男Ｘと、サービス業を営むＢ社を経営する二男Ｙの兄弟です。Ａ社とＢ社は、いずれも私たち兄弟の父（故人）が創業した会社で、現在はＸがＡ社の代表取締役を、ＹがＢ社の代表取締役を務めています。

　15年前に父の相続があった際、自社株に対する相続税の負担がとても大きかったため、税理士のアドバイスに従って、私たちの母Ｚが自社株の半数を相続し、残りの株式をＸとＹが半分ずつ取得することにしました。

会　　　　社	Ａ社	Ｂ社
業　　　種	建設業	サービス業
代表取締役	長男Ｘ	二男Ｙ
株 主 構 成	母Ｚ：50% 長男Ｘ：25% 二男Ｙ：25%	母Ｚ：50% 長男Ｘ：25% 二男Ｙ：25%

　創業者であった父の死後、私たち兄弟は、力を合わせて2つの会社を経営してきましたが、会社が成長する過程において、Ａ社はＸが、Ｂ社はＹが経営を担い、お互いに経営を任せ合う関係になりました。

　母は来年80歳になります。兄弟で相談した結果、Ａ社の株式はＸが、Ｂ社の株式はＹが相続する方向で相続対策を進めることになりました。それぞれが経営する会社の株式を相続し、ゆくゆくは自分の子供にも会

社を継がせたいと考えています。

このような場合、私たち兄弟が相互に持ち合っている株式は、どのように整理すればよいでしょうか。

なお、私たちの会社は業績も好調で、どちらの会社も株価が高くなっているようです。このため、お互いの株式を譲渡で取得するには、相応の資金が必要になりそうです。また、贈与税の負担を考えると、兄弟や兄弟の子供に株式を贈与することも現実的ではなさそうです。さらに顧問税理士からは、経営に関与していない母Zが筆頭株主であるため、事業承継税制（贈与税の納税猶予）を使うこともできないと説明を受けています。

ところで、"株式交換"という言葉を聞いたことがありますが、この仕組みを用いれば、A社株式とB社株式を交換することは可能でしょうか。また、土地を等価交換した場合には所得税が非課税になると聞いたことがあるのですが、株式についても税負担なく交換することは可能でしょうか。

解決へのヒント

株式交換は、株主同士が株式を交換する制度ではありませんので、株式交換では兄弟間の資本関係を整理することはできません。

また、株式には、固定資産の交換の場合のような譲渡所得の特例（所法58①）はありませんので、株式を交換した場合には譲渡所得が生じ、所得税・住民税の納税が必要となります。

① 株式の交換

（1）株式交換

　会社法における株式交換とは、株式会社がその発行済株式の全部を他の株式会社又は合同会社に取得させることをいいます（会2三十一）。

　仮に、A社が株式交換完全親法人、B社が株式交換完全子法人となる株式交換を行った場合、A社がB社の株主からB社の発行済株式の全部を取得し、対価として金銭等（A社株式又は金銭）を交付することになります。

　したがって、株式交換を行っても、株主同士が株式を交換することにはなりませんので、兄弟間の資本関係を整理することはできません。

〈現　状〉

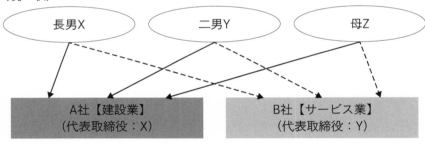

〈株式交換後〉

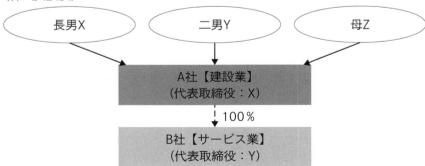

（２）固定資産の交換の場合の譲渡所得の特例

　土地や建物などの固定資産を同じ種類の固定資産と交換した場合において、譲渡がなかったものとする特例（固定資産の交換の場合の譲渡所得の特例）は、対象資産が以下の資産に限られており、株式は含まれません（所法58①）。

〈対象資産〉

①土地（地上権及び賃借権並びに耕作権を含む）

②建物（附属設備及び構築物を含む）

③機械及び装置

④船舶

⑤鉱業権

　したがって、株式を交換した場合は、時価による譲渡と取得が行われたものとして所得税・住民税が課税されることになります。

② 兄弟間で相互保有する株式の整理

（１）相互売買

　非上場株式を相互に譲渡した場合、譲渡対価と取得価額の差額（譲渡所得）に対して、20.315％（所得税15％、復興特別所得税0.315％、住民税5％）の所得税・住民税が課されます。また、個人間で低廉譲渡があった場合には、時価と譲渡対価との差額について贈与があったものとして贈与税が課税されます（相法7）。

　仮に、A社株式（二男Y保有株式の税務上の価値1.25億円、取得価額2,500万円）、B社株式（長男X保有株式の税務上の価値1.25億円、取得価額2,500万円）を相互売買した場合、X及びYの双方に2,000万円程度の税負担が生じることになります。

　保有株式の譲渡対価はもう一方の株式の取得費となりますので、手元に現金は残らず税金分だけ持ち出しになります。したがって、手元に納税資

金がない場合には現実的な方法ではありません。

（2）交換

　株式を交換により譲渡した場合は、上記❶の(2)に記載の通り、株式を時価で譲渡し、譲渡対価で新たな株式を取得したものとして、譲渡所得が発生します。譲渡所得に対して20.315％の所得税・住民税が発生しますので、(1)の相互売買と同様、X及びYの双方に2,000万円程度の税負担が生じることになります。したがって、手元に納税資金がない場合には交換も現実的な方法ではありません。

（3）贈与

　兄弟間で、A社株式(二男Y保有株式の税務上の価値1.25億円)、B社株式(長男X保有株式の税務上の価値1.25億円)を相互に贈与した場合、X及びYの双方に6,500万円程度の贈与税負担が生じることになります。

　株式を相互に贈与した場合は、X及びY双方に多額の贈与税負担が生じることになりますので、贈与も現実的な方法ではありません。

　なお、直系卑属(子や孫)である推定相続人以外の者に相続時精算課税が適用できるのは、事業承継税制(贈与税の納税猶予の特例)を適用した場合のみであるため、相続時精算課税を適用することはできません。

（4）自己株式

　A社及びB社に自己株式を取得できるだけの余剰資金がある場合には、X及びYの保有株式を発行会社が自己株式として取得することにより、兄弟間の資本関係を整理することが可能です。

会　　　　社	A社	B社
株 主 構 成 （ 現　　状 ）	母Z　：50% 長男X：25% 二男Y：25%	母Z　：50% 長男X：25% 二男Y：25%
株 主 構 成 （母Zの相続後）	長男X：75% 二男Y：25%➡**自己株式**	二男Y：75% 長男X：25%➡**自己株式**
株 主 構 成 （自己株式後）	長男X　：75%（議決権100%） <u>自己株式</u>：25%（議決権なし）	二男Y　：75%（議決権100%） <u>自己株式</u>：25%（議決権なし）

　自己株式によりA社及びB社から交付を受けた金銭の額が、発行会社の資本金等の額のうち自己株式として取得される株式に対応する部分の金額を超えるときは、その超える部分の金額が配当とみなされます（所法25①五）。

　配当所得は、給与所得等の所得と合算されて総合課税の対象となりますので、譲渡所得20.315%に比べて税負担が大きくなりますが、発行会社から自己株式の譲渡対価を受け取ることができますので、納税資金の面で最も現実的な方法と考えられます。

③ 結論

　交換により譲渡がなかったものとされる特例が存在する土地と違い、株式には株主間で等価交換を行うための制度がありません。したがって、兄弟間で相互に持ち合う株式を整理するためには、それぞれの株式を兄弟間で譲渡又は贈与するか、発行会社が自己株式として取得する他に方法がありません。

　納税資金の面でこれらの方法が難しい場合には、資本関係を整理することはできませんが、お互いの保有株式を無議決権化し、相互に経営に干渉しないという方法も検討されてはいかがでしょうか。

47 子会社による親会社株式の取得

　私Lは小売業A社のオーナー社長です。A社には15％の株式を保有する外部株主M氏がいます。M氏はA社の共同創業者ですが20年以上前にA社を退職し、現在は年1回の株主総会時に連絡を取り合う程度の付き合いとなっています。私は今年で70歳になるのでそろそろ息子Fへ社長を譲ろうと考えており、同時にM氏より15％の株式を買い取ろうと交渉していました。今般、交渉がまとまり、総額3億円でM氏が保有するすべての株式を買い取ることで合意しました。

　現在、このM氏の所有する株式を誰が買い取るかで悩んでいます。私や息子は3億円もの現金は持っていませんし、資金が潤沢なA社で買い取ることを検討したのですが、顧問税理士よりM氏にみなし配当課税が生じ、最高税率で所得税等が課税されると指摘されました。もしそうなると、今回の株式を買い取るM氏との合意が破綻しかねません。

　そこで、不動産賃貸業を営むA社の完全子会社であるB社に買い取らせようと考えていますが、会社法により子会社による親会社株式の取得は禁止されていると聞きました。A社、B社ともに自己資金が潤沢であり、M氏からの株式買い取り後は親族のみが支配する会社となるため、子会社が親会社株式を取得したとしても誰にも迷惑はかけないと考えています。本当に取得してはいけないのでしょうか。

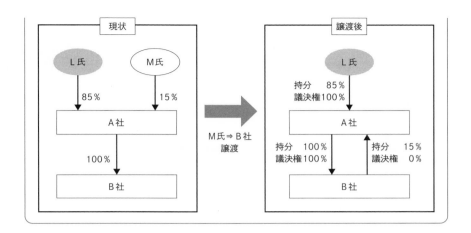

（1）子会社による親会社株式の取得は会社法により禁止されています（会135①）。

（2）子会社が親会社株式を取得した場合は、100万円以下の過料となります（会976十）。

（3）B社によるA社の議決権は消滅します（会308①）。

（4）ただし、実務上、まれに子会社が親会社株式を取得することはあります。

解説

1 会社法の規定

（1）親会社株式の取得について

　会社法は以下の会社再編等による例外的な事由を除いて、子会社の親会社株式の取得を禁止しています。もし、取得した場合でも、相当の時期に親会社株式を処分しなければなりません（会135③）。

〈例外的事由（会135②）〉

①他の会社（外国会社を含む）の事業の全部を譲り受ける場合において当該他の会社の有する親会社株式を譲り受ける場合

②合併後消滅する会社から親会社株式を承継する場合

③吸収分割により他の会社から親会社株式を承継する場合

④新設分割により他の会社から親会社株式を承継する場合

⑤前各号に掲げるもののほか、法務省令で定める場合（会規23）

（2）違反した場合

　会社法135条1項に違反し、子会社が親会社株式を取得した場合は、子会社の取締役に対し100万円以下の過料が科せられます（会976十）。「過料」とは行政罰であり、刑事罰としての罰金、「科料」とは区別されています。したがって、過料が科せられたからといって、いわゆる前科となるわけではありません。

（3）株式を相互保有する場合の議決権

　会社法では、株主は、株式会社がその総株主の**議決権の4分の1以上**を有することその他の事由を通じて株式会社がその経営を実質的に支配することが可能な関係にあるものとして法務省令で定める**株主を除いて**、その有する株式について議決権を有する、とあります（会308①）。したがって、ご相談の場合、A社はB社の議決権のすべてを保有していますので、上図の通りB社のA社に対する議決権（15%）は消滅します。

⬤2　財産評価基本通達における規定

　株式の持ち合いについては、財産評価基本通達188−4に言及されています。この通達では「評価会社の株主のうちに会社法第308条1項の規定により評価会社の株式につき議決権を有しないこととされる会社があるときは、

当該会社の有する評価会社の議決権の数は0として計算した議決権の数を
もって評価会社の議決権総数となる」とあります。

　これは、同族会社の経営者が、自分が支配する会社の株式を相互保有さ
せることにより、保有する株式の評価方法を配当還元方式とすることを防ぐ
ための通達です。税務においては、株式の相互保有(子会社による親会社株式
の取得を含む)を想定しているといえます。

③ 結論

　後継者へ会社を引き継ぐにあたり、現経営者世代の外部株主の整理は、
最後の大仕事だといえます。ご質問の子会社による親会社株式の取得は、
会社法上禁止されていますので、実行することはお勧めしません。例えば、
後継者F氏が新たに会社を設立し、そこへA社が3億円を貸し付け、その資
金をもってA社株式を購入するという方法もあります。

　ただし、今回の事例では、A社株式を上記の新会社において購入するのと、
子会社B社において購入するのとでは実体は何も変わりません。結局はすべ
てL氏・F氏がA社・B社を支配することになりますので、リスクを理解したう
えで、子会社による親会社株式を取得するのであれば、私見ではあります
が、実行可能なスキームであると考えます。冒頭で申し上げた通り、実務上
もこうした事例は見受けられます。

48 所在不明株主の株式売却制度による株式集約

　私は東北地方で警備会社や運送会社などを束ねる E グループホールディングス（以下、「E 社」という）の総務部長をしております。

　当社は、地域の有力企業との結びつきが非常に重要な業種柄、新たに進出する地域の有力者や取引関係者に出資をお願いすることで関係強化を図り、業容を拡大してきました。

　先代経営者が従業員にも自社株式の保有を推奨していたため、当社には取引関係者や元従業員を中心に300名を超える株主が存在し、A 社長一族の株式保有割合が非常に低い水準となっています。

〈E 社の株主構成〉

株　　　主	シェア
A 社長ファミリー（A 社長・B 常務）	20%
E グループ従業員持株会	5%
個人株主（取引関係者・元従業員など300名程度）	75%
合　　計	100%

　A 社長は今年で70歳になり、息子である B 常務への事業承継が近づいています。2代目経営者である A 社長は株主からの信頼が厚く、株式保有割合が低くても株主との間でトラブルが発生したことはありませんが、3代目となる B 常務への経営承継に向けて、A 社長一族や従業員持株会の株式保有割合を高め、B 常務が自由度の高い経営ができるような株主構成にしていきたいと考えています。

当社は5年程前に従業員持株会を設立し、買い取りの要請があった株主から会員規約に定めた価格（配当還元価額と同額）で株式を取得してきました。従業員持株会への譲渡をお願いする書面を株主総会の招集通知に同封するなど株式集約に向けた対策を積極的に行い、この5年で50名程の株主から5％近い株式を買い集めることができました。

　ところで、当社は毎年株主総会を適切に開催していますが、出席する株主が非常に少なく、定足数を満たすことに大変苦労しています。株主総会の招集通知が返送されてくる株主も一定数存在しますし、創業時の従業員で年齢的にも存命でない可能性が高い株主もいますので、相続人の方から株式を買い取るなどの対応をしたいと考えていますが連絡先もわかりません。

　このように連絡のつかない株主から B 常務や従業員持株会が株式を買い取れる何かよい方法はないでしょうか。

解決へのヒント

　長期にわたり所在不明となっている株主（所在不明株主）が保有する非上場株式については、裁判所の許可を得ることにより、売却や発行会社が自己株式として取得することができます。

　株式の売却先は発行会社が任意に決定することができますので、経営者にとって都合のよい売却先や、従業員持株会などの比較的低い価格での取得が認められそうな売却先を指定することで株式の集約を図ることが可能です。

解説

① 所在不明株主の株式売却制度

（1）所在不明株主

　株式会社は、所在不明株主が保有する株式を競売し、非上場株式については、裁判所の許可を得て競売以外の方法により、これを売却することが可能です。売却する株式の全部又は一部を発行会社が自己株式として取得することも認められます（会197）。

　所在不明株主とは、次のいずれにも該当する株主をいいます。通知又は催告は実際に郵送で行われることが必要ですが、配当については、無配の場合でも配当を受領しなかったものと解されています。

● 株式会社が株主に対してする通知又は催告が5年以上継続して到達しないもの

● その株式の株主が継続して5年間剰余金の配当を受領しなかったもの

（2）公告及び個別催告

　所在不明株主が保有する株式を競売又は売却する場合には、所在不明株主その他の利害関係人が一定の期間内（3ヶ月以上）に異議を述べることができる旨の公告を行い、かつ、当該株主に個別に催告しなければなりません（会198①、会規39）。

〈公告事項〉

①所在不明株主が保有する株式（競売対象株式といいます）を競売又は売却をする旨

②競売対象株式の株主の氏名又は名称、住所

③競売対象株式の数（種類株式発行会社にあっては種類及び種類ごとの数）

④競売対象株式につき株券が発行されているときは、当該株券の番号

（３）裁判所への株式売却許可申立

　所在不明株主の保有する株式を競売せずに売却する場合は、競売に代えて売却することの相当性、売却価格の相当性といった点を記載した申立書に以下の疎明資料を添付して裁判所に提出します。

〈疎明資料〉

①履歴事項全部証明書

②株主名簿

③6年分の株主総会招集通知書及び返戻封筒

④6年分の剰余金配当送金通知書及び返戻封筒

⑤取締役会議事録（取締役会設置会社で発行会社が買い取る場合）

⑥買取書（発行会社以外の者が買い取る場合）

⑦官報公告

⑧催告書及び発出したことが確認できる資料

⑨株価算定書

⑩全取締役の同意書（取締役が2名以上いる場合）

出典：「所在不明株主の株式売却許可申立事件についてのQ&A」（東京地方裁判所）を筆者加工

　株主に対してする通知又は催告が5年以上継続して到達しなかった事実の疎明においては、6年分の株主総会の招集通知及び返戻封筒の実物を提出することが求められます。代表取締役の陳述書などの代替書面によることは認められていませんので、株主総会の招集手続きを適切に行い、返戻封筒を会社で保管しておくことが重要です。

　株式の売却代金は、発行会社が株主に交付する日、又は、時効により消滅する日まで発行会社が負債に計上することになります。発行会社は売却代金を供託することによってその債務を免れることも可能です（民法494）。

② 株式の売却価格

　市場価格のない株式について裁判所に売却の許可を得る際には、第三者機関による株価算定書を提出し、売却価格の相当性を疎明しなければなりません。

　裁判所における株価の考え方として、支配株主や発行会社が株式を取得する場合には、DCF法や純資産価額などを加味した比較的高い株価、少数株主が株式を取得する場合には、ゴードンモデル(配当還元法)などの比較的低い株価が採用される傾向がありますが、少数株主間の取引事例が一定数存在していれば、税法基準による配当還元価額であっても売却価格として認められています。

　所在不明株主の株式売却制度においては、申立ての時期や株式の売却先を発行会社が任意に決定することができ、株価算定書も発行会社が第三者機関に依頼して作成してもらうことが可能です。したがって、比較的低い株価による売却が認められそうな売却先を選定したり、一定数の取引実績を用意したうえで取引価格事例法による売却許可を申し立てるなど、裁判所の許可を得るための工夫がしやすい制度といえます。

③ 経営承継円滑化法の特例

　令和3年8月2日に施行された「産業競争力強化法等の一部を改正する等の法律」に伴う経営承継円滑化法の改正により、中小企業者の代表者が年齢、健康状態その他の事情により、継続的かつ安定的に経営を行うことが困難であるため、当該中小企業者の事業活動の継続に支障が生じている場合であって、当該中小企業者の一部の株主の所在が不明であることにより、その経営を当該代表者以外の者に円滑に承継させることが困難であると経済産業大臣の認定を受けた者(特例株式会社)については、通知又は催告の期間が「5年以上」から「1年以上」に、剰余金の配当の期間が「5年間」から「1

年間」に、それぞれ短縮されることになりました（経営承継円滑化法12①一ホ、15）。

　これまでは、株式売却に向けた準備を開始してから5年以上の期間を要していた手続きが、定時株主総会の招集通知が2回分到達しないことで所在不明株主として認められるようになりました。代表者が継続的かつ安定的に経営を行うことが難しい状態の中小企業は、円滑な承継を行うためにも積極的に制度の活用を検討すべきでしょう。

④ 結論

　長期にわたり所在不明となっている株主が存在する場合、裁判所の許可を得て経営陣に都合のよい相手に株式を売却することが可能です。

　本事例のように、従業員持株会が外部株主から、配当還元価額と同額で株式の買戻しを行ってきた実績がある企業では、取引価格事例法を採用した株価算定書を提出して、税法基準による配当還元価額による売却が認められています。したがって、所在不明株主からの買い取りを検討されている法人においては、少数株主間の取引実績を一定数用意してから裁判所に売却許可の申立をすることをお勧めします。

　経営承継円滑化法の改正により、一部株主が所在不明であるため事業承継が困難となっている旨の認定を受けた中小企業者に限り、所在不明株主からの株式買取り等の手続きに必要な期間が5年から1年に短縮されることになりました。経済産業大臣の認定を受けることができれば、短期間での株式売却が可能となりましたので、これまで株主総会の招集手続きを適切に行っていなかった法人や、これから準備を始める法人であっても株主対策のソリューションとしての活用が視野に入ってくるのではないでしょうか。

49 取引先の上場会社が持つ株式の買い取り

相談内容

　私Lは70歳で製造業R社を経営しています。私が所有するR社株式については、後継者である私の子供へ承継する目途がつきました。ところで、今般、取引先のF社（上場会社）より、F社が所有する私の会社（R社）の株式を買い取ってほしいとの相談がありました。

　F社には、関係強化を目的に30年間にわたってR社株式の4%を保有してもらっていました。10年前までは多くの取引がありましたが、近年の取引額は減少傾向にあります。当時の簿価純資産価額が1株当たり約600円だったR社株式を、私から額面金額（50円）でF社へ売却したので、私としては額面金額でR社に自己株式として買い戻したいと思っています。どのように交渉すればよいでしょうか。

　ちなみに、R社は額面金額の10%前後の安定配当を毎年出してきたので、F社は投資額を十分に回収できているはずです。例えば、時価純資産価額ということになると額面金額の50倍以上になり、全く経営に関与していない少数株主にその金額を支払うことには納得できません。

解決へのヒント

（1）上場会社は政策保有株式の見直しを行っています。

（2）額面金額で株式を買い戻せればベストですが、上場会社から額面金額のような安い金額で買い戻せることはないと考えたほうがよいでしょう。

（3）顧問税理士と相談して、配当還元価額、時価純資産価額、類似業種

比準価額等を組み合わせて、交渉材料となる株価を算出し、作戦を立ててからF社と交渉するべきです。

解説

　株価の考え方

（1）評価方法

　非上場株式の株価については、様々な算定方法がありますが、原則として第三者間で協議して合意した金額は「時価」となります。

　税法においては相続開始時に非上場株式の評価ができるよう、財産評価基本通達にその評価方法が定められています。

　財産評価基本通達による評価額は、決算書や法人税の申告書があれば計算できますので、株価の交渉前に通達に沿って配当還元価額、時価純資産価額、類似業種比準価額を算出してみるのがよいと考えます。

　一方、会社のM&Aなどにおいて一般的に用いられるディスカウントキャッシュフロー法（DCF法）は、通常、将来にわたるキャッシュフローを現在価値に割り引いて企業価値を算出した後に、純有利子負債利子を控除して算出します。

　この手法は会社の将来予測に全面的に依存しているため、株価を交渉する当事者が計算するのではなく、通常は第三者機関である外部のコンサルタント等が計算を行います。

　外部のコンサルタントが計算すると当然ながら報酬が発生しますので、当初から外部のコンサルタントに依頼するのではなく、まずは会社自身又は顧問税理士が財産評価基本通達上の計算をする方がコストを抑えられます。

　実務上も、財産評価基本通達による株価で取引が成立することは多々あります。

（２）上場会社のスタンスの変化

　東京証券取引所により公表されたコーポレートガバナンスコードにより、上場会社が保有する政策保有株式について、以下の通り対応すべき原則が公表されています。また、ホームページにおいて政策保有株式の取り扱い方針を掲載している大手企業も見受けられます。

【原則1−4．政策保有株式】

　上場会社が政策保有株式として上場株式を保有する場合には、政策保有株式の縮減に関する方針・考え方など、政策保有に関する方針を開示すべきである。また、毎年、取締役会で、個別の政策保有株式について、保有目的が適切か、保有に伴う便益やリスクが資本コストに見合っているか等を具体的に精査し、保有の適否を検証するとともに、そうした検証の内容について開示すべきである。

　上場会社は、政策保有株式に係る議決権の行使について、適切な対応を確保するための具体的な基準を策定・開示し、その基準に沿った対応を行うべきである。

　2010年頃までは「今までお世話になったので」ということで、配当還元価額のような安い株価で買い戻せる事例もあったように思います。

　しかし、近年、上場会社は株主、社外取締役へ取引価額の説明が求められるようになりましたので、非上場株式であっても会社の財務内容を反映しない価額での取引はできないと考えたほうがよいでしょう。

② 裁判ではどのような結果となるか

　株価について両社が折り合わずに裁判になったとき、どのように判断されるかについて、ご相談の場合と類似した裁判例があります(札幌高等裁判所平

成16年(ラ)第88号株式価格決定に対する抗告事件(抗告棄却)【判例タイムズ1216号272頁】、TAINSコード：Z999-6030)。

①事案

発行済み総数の6.56％を保有する少数株主からの自己株式としての買取価格

②判決

配当方式(≒配当還元方式)：純資産方式：収益方式(DCF法)＝0.25：0.25：0.5の割合に基づく併用方式

③判決のポイント

【買手側】

● 自己株式として取得するのであるから、配当還元方式を重視することはできない

● 配当を免れることにより内部留保を得ることができ、またこれを利用して再投資ができるので、収益方式を基準とするのが合理的

【売手側】

● 少数株主として株式を保有していたとしても、配当利益と残余財産の分配を得るに過ぎないので、配当方式と純資産方式を基準として評価するのが合理的

③ 結論

ご相談の場合、例えば、配当還元価額をベースにして、純資産価額・類似業種比準価額等を一部加味した低い金額から先方と交渉するのはいかがでしょうか。F社も自らが少数株主ということは理解していると思いますので、交渉のテーブルにはつくと予想されます。

今回は買取義務が生じていないようなので、価格で折り合わない場合は無理に買い取る必要はないと考えます。一方で、どうしても今回買い取りたいときは、従業員持株会を設立してそこへ配当還元価額で譲渡してもらうと

いう方法もあります（従業員持株会への譲渡の場合には配当還元価額での売却に応じてくれる可能性があります）。

　注意点としては、交渉は従業員任せにせずL氏がしっかりコミットすることです。

法人から
地方公共団体への寄附

相談内容

　私はB県内で小売業A社を営んでいます。今般、本社が所在するQ市より市が主催する大規模なイベントに対する寄附の依頼がありました。先代から50年以上Q市を中心に事業を展開してきたこと、また、私自身もこの地で生まれ育ったのでQ市に対する愛着もあり、ぜひ協力をしてイベントを成功させたいと考えています。

　そこで、A社より1億円の寄附をしようと検討をしておりますが、この寄附金はA社において法人税法上の損金として認められるのでしょうか。

　顧問税理士より「A社からQ市への寄附金全額が法人税法上の損金となるが、このような寄附金の取り扱いに関する通達があるので慎重に対応しましょう」といわれています。何に気を付けてどのような対応をすれば、問題なくA社より寄附金を支出できますか。

解決へのヒント

（1）国又は地方公共団体への寄附金は全額損金となります（法法37③一）。

（2）一方、通達には、「法人が損金として支出した寄附金で、その法人の役員等が個人として負担すべきものと認められるものは、その負担すべきものに対する給与とする。」（法基通9－4－2の2）とありますが、ご相談の場合は、法人としてきちんと対処すれば法人の損金になると考えます。

（3）寄附については、オーナー個人とA社のどちらが行うかを明確にする必要があります。

① 法人からの寄附金支出の考え方

　株式会社等の法人は、利益を追求するために事業を行うことから、法人税では法人の事業に関係ない支出(寄附金等)について、以下の通り損金算入に制限が設けられています。

①一般の寄附金に対する損金算入限度額 (法令73①一、二)

　(所得金額 × 2.5% ＋ 資本金と資本準備金の合計額 × 0.25%)× 1/4

　　(注) 資本又は出資を有しない場合は、所得金額 ×1.25%。

②公益法人等の特定公益増進法人への寄附金に対する損金算入限度額(法令77の2①一、二)

　(所得金額の6.25% ＋ 資本金と資本準備金の合計額の0.375%)× 1/2

　　(注) 資本又は出資を有しない場合は、所得金額 ×6.25%

③国又は地方公共団体等への寄附金に対する損金算入限度額

　全額損金算入

② 法人内での寄附金の処理方法

　一方、上記の法人税基本通達によれば、もし法人の支出した寄附が個人が負担すべきものと認定されると、たとえ国等への寄附金であったとしても損金算入が認められません。この通達が法人から国等への寄附を思いとどまらせる一因になっていると思われます。

　しかし、ご相談の事例ではA社がQ市へ寄附する合理的な理由があると思われます。私見ではありますが、「個人として負担すべきもの」と税務当局に認定されないよう、次の2点に注意すれば、問題なく法人税法上の損金と

して処理できると考えます。

（１）法人の意思で寄附したことを明確にする

　寄附は通常、①寄附の申し込みを行ったうえで、②振り込みを実行し、③寄附金額収書を受領する、という流れで行われますが、以下の通りその都度法人が行ったことを明確にします。

---

①寄附の申し込み前にA社の取締役会で寄附することと寄附金額を決定し、取締役会議事録を作成する

②寄附金の振り込みはそのA社の銀行口座から行う

③寄附金の領収書の宛先はA社とする

（２）寄附した企業が顕彰される（オーナー個人ではなく）

　地方公共団体によっては、法人が寄附をしたとしても、地元の名士であるそのオーナーへの配慮から、個人が寄附したような発表をすることがあります。このようにオーナー個人を顕彰していると、オーナー個人の寄附を法人が立て替えたように見えてしまいますので、寄附先にも法人が寄附したことを明確にするよう申し入れをしておくべきです。

③ 結論

　近年では、「企業版ふるさと納税」の創設やクラウドファンディングで多額の寄附が集まるなど、日本においても様々な寄附文化が醸成されつつあるようです。

　このような状況において、企業オーナー又はその企業に対しても様々な団体より寄附の依頼があると思います。ご相談のような多額の寄附を実行する場合は、将来の事業承継や相続、会社のキャッシュフローも考慮に入れたうえで、個人・法人のどちらが寄附を行うかを明確にして実行すべきです。また、寄附金は個人・法人においてそれぞれ税法上の取り扱いが異なりま

すので、事前に十分検討する必要があります。

　特に個人で多額の寄附をしようとするときは、寄附の実行前に相続人にも
その寄附への思いなどを説明しておくのがよいと考えます。

◆ 著者紹介 ◆

日野 有裕（ひの・ありひろ）

税理士／太陽グラントソントン税理士法人　パートナー

一部上場企業の勤務を経て、2004年に同社に入社。一般企業・公益法人・金融機関などの決算・申告業務のほか、財団法人を活用した企業オーナーへの事業承継・組織再編などのコンサルティング業務に従事している。

梶本 岳（かじもと・がく）

税理士／太陽グラントソントン税理士法人　パートナー

大手クレジットカード会社勤務を経て2006年に同社に入社。上場企業及び中堅企業に対する税務顧問、中堅・中小企業オーナーに対する株主対策・事業承継支援を中心とするコンサルティング業務に従事している。

主な著書に『実例＋Ｑ＆Ａ 親族「内」事業承継』（共著／税務経理協会）、『一般法人・公益法人の制度・会計・税務』（共著／同文館出版）などがある。

岩丸 涼一（いわまる・りょういち）

公認会計士・税理士／太陽グラントソントン税理士法人　パートナー

太陽有限責任監査法人を経て、2012年に同社に出向・転籍。上場企業及び中堅企業などの顧問業務・申告業務のほか、中堅・中小企業オーナーに対する相続対策・事業承継支援・民事信託組成の支援等を中心とするコンサルティング業務に従事している。

西田 尚子（にしだ・なおこ）

税理士／太陽グラントソントン税理士法人　パートナー

2000年に同社に入社。大規模・中堅規模法人の決算申告・顧問業務のほか、上場企業オーナーの相続税対策、非上場企業オーナーの事業承継対策、財団法人の設立・運営支援などのコンサルティング業務に従事している。

佐藤 達夫（さとう・たつお）

税理士／太陽グラントソントン税理士法人　パートナー

2008年に同社に入社。大規模・中堅規模法人、金融機関、公益法人の決算申告・顧問業務のほか、上場企業・非上場企業オーナーの相続税対策や事業承継対策を中心とするコンサルティング業務に従事している。

髙田 泰輔（たかだ・たいすけ）

税理士／髙田泰輔税理士事務所　所長

2015年に太陽グラントソントン税理士法人に入社し、上場企業・非上場のオーナー系企業の法人税務のほか、相続税申告業務、事業承継コンサルティング業務などに従事。2021年に同社を退職し独立開業。現在は不動産オーナーを主な顧客基盤とし、主に相続税申告業務・資産税コンサルティングに従事している。

■太陽グラントソントン税理士法人　事業承継対策研究会

https://www.grantthornton.jp/aboutus/tax/

法人内における以下の執筆メンバーを中心に、中堅・中小企業の事業承継問題の解決に向けた研究を行っています。

〔執筆メンバー〕

パートナー　税理士　日野 有裕

パートナー　税理士　梶本 岳

パートナー　税理士　西田 尚子

パートナー　税理士　佐藤 達夫

パートナー　公認会計士・税理士　岩丸 涼一

ケース別 事業承継対策Ｑ＆Ａ
～事例でわかる解決へのヒント～

2023年7月25日　発行

著　者　　太陽グラントソントン税理士法人 Ⓒ

発行者　　小泉 定裕

発行所　　株式会社 清文社

東京都文京区小石川１丁目３－25（小石川大国ビル）
〒112-0002　電話 03（4332）1375　FAX 03（4332）1376
大阪市北区天神橋２丁目北２－６（大和南森町ビル）
〒530-0041　電話 06（6135）4050　FAX 06（6135）4059
URL https://www.skattsei.co.jp/

印刷：亜細亜印刷㈱

■著作権法により無断複写複製は禁止されています。落丁本・乱丁本はお取り替えします。
■本書の内容に関するお問い合わせは編集部までFAX（03-4332-1378）又はメール（edit-e@skattsei.co.jp）でお
　願いします。
■本書の追録情報等は、当社ホームページ（https://www.skattsei.co.jp/）をご覧ください。

ISBN978-4-433-72793-2